PAUL-GÜNTER HORST

Querverbindungen zwischen Aufopferungsanspruch und Gefährdungshaftung einerseits und Aufopferungsanspruch und Eingriffserwerb andererseits

NEUE KÖLNER RECHTSWISSENSCHAFTLICHE ABHANDLUNGEN

HERAUSGEGEBEN VON

DER RECHTSWISSENSCHAFTLICHEN FAKULTÄT
DER UNIVERSITÄT ZU KÖLN

HEFT 43

Berlin 1966

WALTER DE GRUYTER & CO.

vormals G. J. Göschen'sche Verlagshandlung · J. Guttentag, Verlagsbuchhandlung
Georg Reimer · Karl J. Trübner · Veit & Comp.

Querverbindungen zwischen Aufopferungsanspruch und Gefährdungshaftung einerseits und Aufopferungsanspruch und Eingriffserwerb andererseits

Von

Paul-Günter Horst

Köln

Berlin 1966

WALTER DE GRUYTER & CO.

vormals G. J. Göschen'sche Verlagshandlung · J. Guttentag, Verlagsbuchhandlung
Georg Reimer · Karl J. Trübner · Veit & Comp.

Gedruckt mit Unterstützung der Stiftung Volkswagenwerk

Archiv-Nr. 27 08 66 4

Satz und Druck: Saladruck, Berlin 36

INHALTSVERZEICHNIS

LITERATURVERZEICHNIS

Bachof	Die verwaltungsgerichtliche Klage auf Vornahme einer Amtshandlung, Tübingen 1961
Baumbach-Hefermehl	Wettbewerbs- und Warenzeichenrecht, 8. Aufl., München und Berlin 1959
Baur	Lehrbuch des Sachenrechts, München und Berlin 1960
Bettermann	Urteilsanmerkung zu BGH GZS 1/56, in: NJW 1957, 986
Boehmer, G.	Grundlagen der bürgerlichen Rechtsordnung, Tübingen 1950
Böhmer, E.	Zum Entlastungsbeweis nach § 831 I 2 BGB, in: MDR 1958, 745 ff.
v. Caemmerer	Bereicherung und unerlaubte Handlung, in: Festschrift für Rabel, Bd. I, Tübingen 1954, S. 333 ff. Bereicherungsausgleich bei Verpfändung fremder Sachen, in: Festschrift für Lewald, Basel 1953, S. 443 ff.
Crome	System des Deutschen Bürgerlichen Rechts, Bd. II, Recht der Schuldverhältnisse, Tübingen und Leipzig 1902
Dunz	Das verkehrsrichtige Verhalten, in: NJW 1960, 507 ff.
Enneccerus — Kipp — Wolff	Lehrbuch des Bürgerlichen Rechts, Bd. I: Allgemeiner Teil, bearbeitet von Nipperdey, 15. Aufl., Tübingen 1959/60 Bd. II: Schuldrecht, bearbeitet von Lehmann, 15. Aufl., Tübingen 1958 Bd. III: Sachenrecht, bearbeitet von Raiser, 10. Aufl., Tübingen 1957
Erman	Handkommentar zum Bürgerlichen Gesetzbuch, 2. Aufl., Münster 1958

Esser	Lehrbuch des Schuldrechts, 2. Aufl., Karlsruhe 1960 Grundlagen und Entwicklung der Gefährdungshaftung, München und Berlin 1941
Esser	Grundfragen der Reform des Schadensersatzrechts, in: AcP 148, 121 ff. Die Zweispurigkeit unseres Haftpflichtrechts, in: JZ 1953, 129 ff.
Fischer, H. A.	Bereicherung und Schaden, in: Festschrift für Zitelmann, München und Leipzig 1913
Fischer, R.	Referat zum 41. Deutschen Juristentag, Bd. II, S. C 37 ff.
Fleiner	Institutionen des Deutschen Verwaltungsrechts, 8. Aufl., Tübingen 1928
Forsthoff	Lehrbuch des Verwaltungsrechts, 8. Aufl., München und Berlin 1961
Geigel	Der Haftpflichtprozeß, 9. Aufl., München und Berlin 1957
Giese	Der öffentlich-rechtliche Aufopferungsanspruch, Stuttgart 1936 Urteilsanmerkung zu BGH III ZR 77/52, in: JZ 1953, 469
Haas	System der öffentlich-rechtlichen Entschädigungspflichten, Karlsruhe 1955
Heck	Grundriß des Schuldrechts, Tübingen 1929 Grundriß des Sachenrechts, Tübingen 1930
Hedemann	Schuldrecht des Bürgerlichen Gesetzbuches, 3. Aufl., Berlin 1949
Hubmann	Der bürgerlich-rechtliche Aufopferungsanspruch, in: JZ 1958, 489 ff.
Hueck	Notstand gegenüber einer mitgefährdeten Sache, in: Iher. Jb. 68, 205 ff.
Jansen	Sonderopfer und Begünstigter, in: NJW 1956, 1821 ff. Gefährdungshaftung im deutschen öffentlichen Recht? in: NJW 1962, 939 ff.

Jung	Das Wesen des schuldrechtlichen Grundes und dessen Bedeutung für die Systematik des Privatrechts, in: Festgabe der juristischen Fakultäten zum 50jährigen Bestehen des Reichsgerichts, Bd. III, Berlin und Leipzig 1929
Katzenstein	Die Entschädigungspflicht des Staates aus rechtswidrig-schuldloser Ausübung öffentlicher Gewalt, in: MDR 1952, 193 ff.
Knoll	Das Verfahren zur Geltendmachung von Ansprüchen auf Ausgleich von Schäden, welche durch die Wahrnehmung von Hoheitsrechten entstanden sind. Gutachten für den 41. Deutschen Juristentag, Bd. I, 1. Halbbd., S. 85 ff.
Kreft	Zum Verhältnis von Aufopferungsansprüchen und Amtshaftungsansprüchen, in: DÖV 1955, 517 ff.
Kommentar	zum Bürgerlichen Gesetzbuch, herausgegeben von den Reichsgerichtsräten und Bundesrichtern, 11. Aufl., Berlin 1959/60
Landmann — Rohmer —	Kommentar zur Gewerbeordnung,
Eyermann — Fröhler	11. Aufl., München und Berlin 1956
Larenz	Lehrbuch des Schuldrechts. Besonderer Teil, 3. Aufl., München und Berlin 1959
Lehmann	Allgemeiner Teil des Bürgerlichen Gesetzbuches, 11. Aufl., Berlin 1958 Begrenzung der Rechtswidrigkeit, in: Festschrift für Hedemann, S. 177 ff. Berlin 1958
Leonhard	Allgemeines Schuldrecht, München und Leipzig 1929 Besonderes Schuldrecht, München und Leipzig 1931
v. Lübtow	Beiträge zur Lehre von der condictio nach römischem und geltendem Recht, Berlin 1952
Lieberwirth	Aufopferungsansprüche bei Gesundheits-, insbesondere Impfschäden, in: NJW 1959, 796 ff.
May	Das verkehrsrichtige Verhalten als Rechtferigungsgrund, in: NJW 1958, 1262 ff.
Mayer	Deutsches Verwaltungsrecht, 3. Aufl., München und Leipzig 1924

v. Mayr	Der Bereicherungsanspruch des deutschen bürgerlichen Rechts, Leipzig 1903
Meisner — Stern — Hodes	Nachbarrecht, 3. Aufl., Berlin 1956
Mestmäcker	Eingriffserwerb und Rechtsverletzung in der ungerechtfertigten Bereicherung, in: JZ 1958, S. 521 ff.
Mezger	Strafrecht, Allgemeiner Teil, 7. Aufl., München und Berlin 1957
Motive	zu dem Entwurfe eines Bürgerlichen Gesetzbuches für das Deutsche Reich, II. Bd., Recht der Schuldverhältnisse, amtliche Ausgabe, 2. unveränderte Auflage, Berlin 1896
Mühl	Grundlage und Grenzen des nachbarlichen Gemeinschaftsverhältnisses, in: NJW 1960, 1133 ff.
Münzel	Schmerzensgeld für seelische Unlustgefühle, in: NJW 1960, 2025 ff.
Neumann — Nipperdey — Scheuner	Die Grundrechte, Berlin 1954
Nipperdey	Rechtswidrigkeit, Sozialadäquanz, Fahrlässigkeit und Schuld im Zivilrecht, in: NJW 1957, 1777 ff.
Pagendarm	Verhältnis von öffentlich-rechtlichen Entschädigungsansprüchen zu Amtshaftungsansprüchen im Hinblick auf § 839 I 2 BGB, in: DÖV 1955, 517 ff.
Palandt	Bürgerliches Gesetzbuch, 19. Aufl., München und Berlin 1960
Planck	Kommentar zum Bürgerlichen Gesetzbuch, Allgemeiner Teil und Schuldrecht, 4. Aufl., Berlin 1913—1930 Sachenrecht, 5. Aufl., Berlin 1938
Plessen	Die Grundlagen der modernen condictio, Rostocker Rechtswissenschaftliche Studien, II. Bd., 5. Heft, Leipzig 1904
Protokolle	der Kommission für die zweite Lesung des Entwurfs des Bürgerlichen Gesetzbuches, Berlin 1899

Reinhardt	Empfiehlt es sich, die verschiedenen Pflichten des Staates zur Entschädigungsleistung aus Wahrnehmung von Hoheitsrechten nach Grund, Inhalt und Geltendmachung gesetzlich neu zu regeln? Gutachten für den 41. Deutschen Juristentag, Bd. I, 1. Halbbd., S. 232 ff. Beiträge zum Neubau des Schadensersatzrechts, in: AcP 148, 147 ff.
Reinhardt — Scheuner	Verfassungsschutz des Eigentums Tübingen 1954
Rinck	Gefährdungshaftung, Göttingen 1959
Schack	Empfiehlt es sich, die verschiedenen Pflichten des Staates zur Entschädigungsleistung aus Wahrnehmung von Hoheitsrechten nach Grund, Inhalt und Geltendmachung gesetzlich neu zu regeln? Gutachten für den 41. Deutschen Juristentag, Bd. I, 1. Halbbd., S. 1 ff. Aufopferungsentschädigung bei Körper- (insbesondere Impf-) Schäden? in: MDR 1951, 263 ff. Das Maß der Enteignungsentschädigung, in: MDR 1953, 195 ff. Urteilsanmerkung zu BGH III ZR 208/51 in: MDR 1953, 611 Generelle Eigentumsentziehungen als Enteignung, in: NJW 1954, 577 ff. Der für den Aufopferungsanspruch neben der Enteignungsentschädigung verbleibende Raum, in: JZ 1956, 425 ff. Urteilsanmerkung zu BGH III ZR 212/55, in: JZ 1957, 554 Requisitionsschäden und Aufopferungsanspruch, in: NJW 1957, 562 ff. Zum Aufopferungsanspruch im Nachbarrecht, in: JR 1958, 207 ff.
Scheuner	Die Abgrenzung der Enteignung, in: DÖV 1954, 587 ff. Grundfragen der Staatshaftung für schädigende Eingriffe, in: Gedächtnisschrift für W. Jellinek, S. 331 ff. München 1955
Schmidt, R.	Praktisch wichtige Auswirkungen der neuen Schuldtheorie im Zivilrecht, in: NJW 1958, 488 ff. Der rechtswidrige Angriff bei Notwehr, in: NJW 1960, 1706 f.
Schmidt	Aufopferungsansprüche bei freiwilligen Impfungen, in: NJW 1957, 1585 ff.

Schulz — System der Rechte auf den Eingriffserwerb, in: AcP 105, 1 ff.

Sieg — Urteilsanmerkung zu BGH III ZR 84/54, in: JZ 1956, 178 ff.

Soergel — Kommentar zum Bürgerlichen Gesetzbuch, 8. Aufl., Stuttgart und Köln 1952—1955
9. Aufl., seit 1959 im Erscheinen

Staudinger — Kommentar zum Bürgerlichen Gesetzbuch,
9. Aufl., München—Berlin—Leipzig 1926—31;
10. Aufl., München—Berlin—Leipzig 1935—40;
11. Aufl., Berlin, erscheint ab 1954

Stödter — Öffentlich-rechtliche Entschädigung (Abhandlungen und Mitteilungen aus dem Seminar für öffentliches Recht der Hamburger Universität, Heft 28), Hamburg 1933
Über den Enteignungsbegriff, in: DÖV 1953, 97 ff. und 136 ff.

Stoll — Zum Rechtfertigungsgrund des verkehrsrichtigen Verhaltens, in: JZ 1958, 137 ff.

v. Tuhr — Der Allgemeine Teil des Bürgerlichen Rechts, Bd. I, München und Leipzig 1910

Ulmer — Urheber- und Verlagsrecht, Berlin—Göttingen—Heidelberg 1960

Westermann — Sachenrecht, 4. Aufl., Karlsruhe 1960

Wiethölter — Der Rechtfertigungsgrund des verkehrsrichtigen Verhaltens, Karlsruhe 1960

Wilburg — Die Lehre von der ungerechtfertigten Bereicherung nach österreichischem und deutschem Recht, Festschrift der Universität Graz 1933/34
Die Elemente des Schadensrechts, Marburg 1941

Wilke — Die Haftung des Staates, Frankfurt 1960

Wolff — Verwaltungsrecht, 4. Aufl., München und Berlin 1961

Wussow — Das Unfallhaftpflichtrecht, 6. Aufl., Berlin—Köln 1957

Zippelius — Handlungsunrecht oder Erfolgsunrecht? in: NJW 1957, 1707 ff.
Die Rechtswidrigkeit von Handlung und Erfolg, in: AcP 157, 390 ff.

ABKÜRZUNGSVERZEICHNIS

a. A.	anderer Ansicht
a. a. O.	am angegebenen Ort
abw.	abweichend
AcP	Archiv für die civilistische Praxis
a. E.	am Ende
ALR	Preußisches Allgemeines Landrecht von 1794
a. M.	anderer Meinung
Anm.	Anmerkung
Bd.	Band
bestr.	bestritten
BGB	Bürgerliches Gesetzbuch
BGH	Entscheidungen des Bundesgerichtshofs in Zivilsachen
bzw.	beziehungsweise
ders.	derselbe
d. h.	das heißt
Einl.	Einleitung
ff.	folgende
GebrMG	Gebrauchsmustergesetz
GeschmMG	Gesetz, betreffend das Urheberrecht an Mustern und Modellen
GewO	Gewerbeordnung
GG	Grundgesetz
GS	Großer Senat
h. M.	herrschende Meinung
Iher. Jb.	Iherings Jahrbücher für die Dogmatik des bürgerlichen Rechts
i. S.	im Sinne
JR	Juristische Rundschau
JW	Juristische Wochenschrift
JZ	Juristenzeitung

KunstUrhG	Gesetz, betreffend das Urheberrecht an Werken der bildenden Künste und der Photographie
LitUrhG	Gesetz, betreffend das Urheberrecht an Werken der Literatur und der Tonkunst
LM	Nachschlagewerk des Bundesgerichtshofs in Zivilsachen, herausgegeben von Lindenmaier und Möhring
LuftVG	Luftverkehrsgesetz
m. E.	meines Erachtens
MDR	Monatsschrift für Deutsches Recht
Mot.	Motive
Nachw.	Nachweise
NJW	Neue Juristische Wochenschrift
Nr.	Nummer
PatG	Patentgesetz
Prot.	Protokolle
RG	Entscheidungen des Reichsgerichts in Zivilsachen
Rspr.	Rechtsprechung
S.	Seite
sog.	sogenannt
st. Rspr.	ständige Rechtsprechung
StVG	Straßenverkehrsgesetz
UwG	Gesetz gegen den unlauteren Wettbewerb
vgl.	vergleiche
WRV	Weimarer Reichsverfassung
WZG	Warenzeichengesetz
z. B.	zum Beispiel

Angeführte Paragraphen ohne nähere Bezeichnung sind solche des Bürgerlichen Gesetzbuches.

EINLEITUNG

1. Das objektive Recht: Öffentliches Recht — privates Recht

Das objektive Recht wird üblicherweise (historisch bedingt, nicht logisch notwendig)[1] in öffentliches und privates Recht unterschieden. Schon das römische Recht trennte in einer Ulpian zugeschriebenen Stelle[2] offenbar privates und öffentliches Recht scharf voneinander. Danach ist es Aufgabe des öffentlichen Rechts, ausschließlich den Nutzen der Allgemeinheit, Aufgabe des Privatrechts, ausschließlich den Nutzen des einzelnen zu fördern[3]. Der Mensch ist von Natur ein Doppelwesen, zugleich Einzelwesen und Gemeinschaftsglied. Er lebt als Individuum in vielen sich überschneidenden Gemeinschaften. Dadurch wird notwendig ein Interessenwiderstreit begründet: Der Anspruch des einzelnen auf Freiheit, Eigenleben und Persönlichkeitswürde ist mit dem Bedürfnis nach überindividueller Ordnung der Gemeinschaften, die ohne Beschränkung der individuellen Freiheitssphäre nicht möglich ist, zu vereinen[4]. Das öffentliche Recht regelt die Rechtsbeziehungen von Gemeinwesen (Staat, Gebietskörperschaften, Kirchen usw.) untereinander und zu ihren Gliedern. Wo ein solches Gemeinwesen jedoch in Beziehungen tritt, die in gleicher Weise auch zwischen einzelnen Menschen vorkommen können, da handelt es sich nicht um öffentliches, sondern um Privatrecht[5].

2. Subjektive Rechte und Rechtsgüter — Reflexrechte und Rechtspositionen

Im öffentlichen Recht wie im Privatrecht unterscheidet man subjektiv-öffentliche Rechte im eigentlichen Sinne und bloße Reflexwirkungen objektiver Rechtsnormen, je nachdem, ob dem einzelnen Bürger in seinem Interesse ein gesetzlicher Anspruch auf das anbefohlene Verhalten un-

---

[1] ENN.-NIPPERDEY, S. 224, der z. B. auf das anglo-amerikanische Recht verweist, wo die Unterscheidung nur eine geringe Rolle spielt, da es keine Beschränkung der Gerichte auf zivilrechtliche Streitigkeiten gibt.

[2] BOEHMER, Grundlagen I, S. 12, Anm. 1; ENN.-NIPPERDEY, S. 226, Anm. 13.

[3] Publicum ius est, quod ad statum rei Romanae spectat, privatum, quod ad singulorem utilitatem.

[4] BOEHMER, Grundlagen I, S. 12.

[5] ENN.-NIPPERDEY, S. 225.

mittelbar gewährt ist, oder ob er nur einen allgemeinen Gesetzesvollziehungsanspruch hat[6]. Das Merkmal des Anspruchs ist indes nur als Erkennungsmittel brauchbar, nicht dagegen zur wesensmäßigen Unterscheidung, denn ein subjektiv-öffentliches Recht ist nicht anzunehmen, *weil* ein Anspruch besteht, sondern es besteht umgekehrt ein Anspruch, *wenn* und *weil* ein Recht eingeräumt ist. Bei der auf Lückenlosigkeit des Rechtsschutzes gerichteten Tendenz der heutigen öffentlichen Ordnung ist es möglich, daß Normen, die nach früherer Auffassung kein subjektiv-öffentliches Recht statuieren sollten, heute als Grundlage solcher Rechte anerkannt sind (bekanntestes Beispiel: Fürs. Pfl. VO v. 13. 2. 1924)[7].

Die Rechtsordnung schafft durch die Verpflichtung anderer zu Gunsten des einzelnen Machtstellungen und Herrschaftsbereiche. In diesen Bereichen ist der Rechtsinhaber zwar grundsätzlich unumschränkter Herr, wie das in § 903 für das Eigentum ausdrücklich gesagt ist, aber er ist beschränkt durch die Herrschaftsbereiche der anderen und die Interessen der Allgemeinheit[8]. Der einzelne besitzt seine Rechte und Rechtsgüter nicht nur um seiner selbst willen, sondern auch als Glied der Gemeinschaft; sie sind nicht Selbstzweck eines individuellen Egoismus, sondern auch Mittel im Dienste des gemeinen Besten[9]. So weist Art. 14 II GG ausdrücklich auf den Zweck des Eigentums hin, zugleich dem Wohle der Allgemeinheit zu dienen. Bei dieser Betrachtung wird eine Synthese der einander entgegenstehenden Individual- und Sozialinteressen sichtbar, zumindest erscheinen die schroffen Gegensätze etwas gemildert.

3. Der Schutz der Rechte und Rechtsgüter durch Ansprüche auf Schadensersatz, Entschädigung und Eingriffserwerb

Zugleich mit der Gewährung von Rechten und Rechtspositionen hat die Rechtsordnung ein System von Schutz- und Ausgleichsansprüchen geschaffen. Sie verbietet Verletzungen und gewährt nach erfolgter Verletzung dem Betroffenen Ansprüche auf Ausgleich des Schadens, den er erlitten hat, oder auf das, was der Eingreifer durch den Eingriff erzielt hat. Es gibt einen vorbeugenden und einen ausgleichenden Rechtsschutz.

Nicht jede Beeinträchtigung fremder Rechte, Rechtsgüter oder Interessen hat eine Ausgleichspflicht zur Folge.

Schadensersatz gewährt das geltende Recht grundsätzlich nur bei rechtswidrigem schuldhaften Verhalten. Ausnahmsweise — freilich in zahlreichen Einzelfällen — wird dieser Grundsatz durchbrochen, wenn

---

[6] Enn.-Nipperdey, S. 430, Anm. 5; Lehmann, Allgemeiner Teil, S. 68; Forsthoff, Verwaltungsrecht, S. 171 mit umfangreichen Nachweisen.

[7] Forsthoff, a. a. O., S. 174 mit Nachweisen.

[8] Der römische Satz qui suo iure utitur, neminem laedit ist betont individualistisch und gilt heute nicht uneingeschränkt.

[9] Boehmer, Grundlagen I, S. 12—15.

ein besonderer Grund vorhanden ist, der eine Ersatzpflicht gerechtfertigt erscheinen läßt.

Neben den Schadensersatzansprüchen im engeren Sinne, für die die §§ 249 ff. gelten, stehen die sogenannten Entschädigungsansprüche, die eine billige Entschädigung, einen angemessenen Ausgleich für erlittene Einbußen gewähren und nicht notwendig auf volle Wiedergutmachung eines Schadens mit allen seinen Nebenwirkungen gerichtet sind.

Außerdem gibt es noch zahlreiche andere Rechtsbehelfe, die der Wiederherstellung beeinträchtigter Vermögensgüter dienen, z. B. Herausgabe- und Surrogationsansprüche[10].

In Rechtsprechung und Schrifttum ist für die Gewährung von Schadensersatz und Entschädigung eine ausweitende Tendenz erkennbar[11]. Der Verschuldensgrundsatz und der Satz „casum sentit dominus" werden de iure zwar beibehalten, de facto aber durch Übersteigerung der Sorgfaltspflichten ausgehöhlt.

Im Schadensersatzrecht geht man stets vom Verletzten und der von ihm erlittenen Einbuße aus; nur ausnahmsweise (§§ 829, 847) werden auch die Vermögensverhältnisse des Schädigers berücksichtigt.

Daneben können Sanktionen für Rechts- oder Rechtsgutsverletzungen auch an den Verhältnissen des Eingreifenden orientiert werden, nämlich an dem Vorteil und dem Vermögenszuwachs, den der Verletzer auf Grund der Verletzung erlangt hat. Dem Verletzten wird daher vielfach ein Anspruch auf das durch die Verletzung Erlangte, auf den sogenannten Eingriffserwerb, gewährt.

Im Gegensatz zu Schadensersatzleistungen sind Rechte auf den Eingriffserwerb nicht dazu gegeben, Vermögenseinbußen auszugleichen, sondern sie entspringen dem Wesen des absoluten Rechts, dessen Früchte und Nutzungen dem Rechtsinhaber oder einem aus besonderen Gründen Berechtigten zugewiesen sind, und dienen einer gerechten Güterzuordnung.

Der Anspruch auf den vom Verletzer erlangten Eingriffserwerb ist für den Verletzten in vielen Fällen vorteilhafter als der auf Schadensersatz, wenn er nämlich den erlittenen Schaden übersteigt, ein Schaden schwer nachweisbar ist oder sogar ganz entfällt. Ein Recht auf den Eingriffserwerb besteht, da es keinen Schaden des Verletzten voraussetzt, auch dann, wenn der Verletzte einen entsprechenden Gewinn nicht hätte erzielen können.

Wie im Schadensersatzrecht der Vorteilsausgleich, so ist beim Recht auf den Eingriffserwerb ein Nachteilsausgleich beim Eingreifer geboten; der Geschädigte soll keine die Verminderung seines Vermögens übersteigende Ersatzleistung erhalten, der Eingreifer soll nicht über den tatsächlich erlangten wirtschaftlichen Vermögenszuwachs hinaus haften[12].

---

[10] Boehmer, Grundlagen I, S. 27.

[11] Esser, Gefährdungshaftung, besonders S. 37 ff.

[12] Fischer, Festschrift für Zitelmann, S. 15.

Die Gründe einer Schadensersatzpflicht sind in dem ursprünglichen, dem Schadensereignis vorangehenden Verhalten oder in einem schon bestehenden Rechtsverhältnis zum Verletzten zu suchen[13].

Den unerlaubten Handlungen und den schuldhaften Pflichtverletzungen im Rahmen eines bestehenden Rechtsverhältnisses steht die Haftung für rechtmäßiges und rechtswidrig schuldloses Verhalten und für zufällige Schäden gegenüber; das sind im wesentlichen der Aufopferungsanspruch und die Gefährdungshaftung.

---

[13] ESSER, Schuldrecht, S. 159.

ERSTER TEIL

Aufopferungsanspruch und Gefährdungshaftung im öffentlichen Recht

A. Der Aufopferungsanspruch im öffentlichen Recht

1. Der Aufopferungsanspruch, eine Form der öffentlich-rechtlichen Entschädigung

Mit dem Wort „Aufopferungsanspruch" verbindet sich in erster Linie die Vorstellung von Schäden, die der einzelne im öffentlichen Interesse durch die öffentliche Gewalt erleidet, man denkt an die §§ 74, 75 Einl. ALR. Danach besteht ein Anspruch auf angemessene Entschädigung, wenn jemand genötigt worden ist, seine Rechte zum Wohl der Allgemeinheit aufzugeben, und dadurch ein Sonderopfer erleidet, das ihn im Vergleich zu anderen Bürgern, die sich in der gleichen Lage befinden, ungleich trifft.

Der Aufopferungsanspruch gehört zum großen Gebiet der öffentlich-rechtlichen Entschädigungen; den Gegensatz zu diesem Sammelbegriff bilden die privatrechtlichen Ersatzleistungen. Allen Fällen der öffentlich-rechtlichen Entschädigung ist die hoheitliche Betätigung des Staates als Entstehungsgrund gemeinsam[14]. Es kann sich dabei um eine unmittelbare Einwirkung, um ein bewußt und gewollt gegen einen bestimmten Rechtsinhaber und sein Recht gerichtetes Verhalten handeln, oder um ein neutrales, gegen niemanden gerichtetes Verhalten, das mehr zufällig zu Schäden für den einzelnen führt.

2. Die Enteignung als Spezialfall des Aufopferungsanspruchs

Die wesentlichen Fälle rechtmäßiger entschädigungspflichtiger Eingriffe sind Aufopferung und Enteignung, wobei der Anspruch auf Enteignungsentschädigung nur als der wichtigste Sonderfall des Aufopferungsanspruchs anzusehen ist[15]. Die Enteignungsentschädigung war in Art. 153

---

[14] STÖDTER, Entschädigung, S. 4, 6.

[15] BGH 13, 88 (91); RGRK vor § 823, Anm. 11; FISCHER, Referat, S. C 38.

WRV verfassungsmäßig geregelt und ist es heute in Art. 14 GG, der Aufopferungsanspruch war in § 75 Einl. ALR gesetzlich festgelegt. Wenn auch Enteignung und Aufopferung sich dem Wortlaut wie dem Sinne nach auf rechtmäßige Schädigungen des einzelnen durch die öffentliche Gewalt beziehen, so haben sie sich doch im Laufe der Zeit erheblich ausgeweitet.

Der Enteignungsbegriff wurde aus seiner klassischen Enge, die lediglich eine entschädigungspflichtige Übereignung von Grundeigentum durch gesetzlich zugelassenen Verwaltungsakt an ein aus öffentlichen Gründen begünstigtes Unternehmen umfaßte, befreit[16] und grundsätzlich jede Art des Eingriffs in vermögenswerte Rechte zur entschädigungspflichtigen Enteignung erklärt[17]. Dann wurden die sogenannten „enteignungsgleichen Eingriffe" dem Enteignungsrecht unterstellt; darunter versteht man Tatbestände, die zwar mangels der erforderlichen Zulässigkeitsvoraussetzungen nicht als Enteignung gelten können, also rechtswidrige Eingriffe, die aber für den Fall ihrer Zulässigkeit eine wirksame und damit entschädigungspflichtige Enteignung dargestellt hätten, z. B. eine Entziehung von Grundeigentum, obwohl die gesetzlichen Voraussetzungen für eine Enteignung nicht gegeben waren, sondern irrtümlich als gegeben angenommen wurden. Mit einem argumentum a maiore ad minus wurden auch schuldhafte Eingriffe miteinbezogen, denn wenn schon ein schuldlos durch einen enteignungsgleichen Eingriff Geschädigter einen Anspruch auf Entschädigung nach Enteignungsgrundsätzen habe, so müsse das erst recht gelten, wenn der Eingriff nicht nur rechtswidrig, sondern auch schuldhaft war; auch bei einem solchen Eingriff sei eine Entschädigung nach Enteignungsgrundsätzen zu gewähren[18].

3. Die Ausdehnung des Aufopferungsanspruchs

a) Rechtswidrige und schuldhafte Schädigungen

Der Aufopferungsanspruch erfuhr eine ähnliche Ausdehnung wie der Enteignungsbegriff. Eine seit langem ständige Rechtsprechung hat den Aufopferungsanspruch weit über den positiv-rechtlich gesteckten Rahmen hinaus zu einem allgemeinen Rechtsgedanken entwickelt, dem heute gewohnheitsrechtliche Kraft zukommt[19]. Das Reichsgericht[20] tat den ersten Schritt, als es sagte, dem Wortlaut wie dem Sinn des § 75 Einl. ALR

[16] BGH 6, 270 (276).

[17] Darunter fallen auch Vermögensrechte öffentlich-rechtlicher Art; Weber in Grundrechte II, S. 354; Stödter, Entschädigung, S. 158 und DÖV 53, 98; Forsthoff, VerwR., S. 298; a. A. BVerfG 1, 264; 2, 380.

[18] BGH 6, 276 (290).

[19] BGH 13, 88 (91).

[20] besonders klar RG 140, 276 (285).

werde nur die Auffassung gerecht, daß dem rechtmäßigen Eingriff in die Rechte des einzelnen zum allgemeinen Wohl der unrechtmäßige solange gleichzusetzen sei, wie er vom Betroffenen hingenommen werden müsse. Der Aufopferungsanspruch als allgemeines Rechtsinstitut ist heute als selbständiger, gewohnheitsrechtlich ausgebildeter Entschädigungsanspruch anerkannt[21], der vom ius eminens und dem gemeinen Recht seinen Ausgang nahm[22] und als allgemeiner Rechtsgedanke unter Heranziehung des § 75 Einl. ALR entwickelt wurde[23]. Diese Vorschrift wird jedoch nicht in direkter oder entsprechender Anwendung als Anspruchsgrundlage angesehen, sondern eher als gesetzliche Fixierung einer vorgeordneten Rechtsidee, „die in dem Prinzip der Gerechtigkeit und Billigkeit ihre metaphysische, in der alten Lehre vom besonderen Opfer ihre historische und in der Stellung des einzelnen zum Staat ihre konkrete verfassungsrechtliche Grundlage hat[24]. Der BGH dehnte den Aufopferungsanspruch auf schuldhaft zugefügte Schäden aus[25].

Der Ausdehnung des Aufopferungsbegriffs auf rechtswidrige Schädigungen ist zuzustimmen, denn wenn für rechtmäßige Schädigungen eine Entschädigungspflicht nach Aufopferungsgrundsätzen und für rechtswidrig schuldhafte eine Schadensersatzpflicht nach § 839 besteht, so kann vernünftigerweise bei rechtswidrig schuldlosen Eingriffen eine Entschädigung nicht versagt werden; die bestehende Lücke mußte geschlossen werden. Mit Recht wird darauf hingewiesen, daß es widersinnig sei, wenn der einzelne bei einem rechtswidrigen staatlichen Eingriff schlechter stehen solle als bei einem rechtmäßigen[26]. Dieses Argument läßt auch Stödter[27] gelten, meint indes, nur der Gesetzgeber könne hier Abhilfe schaffen.

Durch die Gewährung des Aufopferungsanspruchs auch bei schuldhaften Schädigungen wird dieser in eine gefährliche Nähe zum Recht der Amtshaftung gerückt[28]. Wenn Fischer[29] meint, im Amtshaftungsrecht gehe es lediglich um die Wiedergutmachung begangenen Unrechts, das nicht gewollt sei, beim Aufopferungsanspruch dagegen werde der einzelne bewußt und gewollt von hoher Hand in seinen Rechten beeinträchtigt, so kann darin nicht der entscheidende Unterschied gesehen werden; mit Recht hat Bettermann in der Diskussion[30] darauf hingewiesen, daß die

---

[21] BGH 20, 61 (69); ebenso Forsthoff, VerwR., S. 310.
[22] RG 16, 161; 41, 142; 49, 241 (252); 94, 71.
[23] RG 140, 276 (285).
[24] Schack, Gutachten, S. 18; Wolff, VerwR., S. 336 f.
[25] BGH 13, 28 ff.; Kreft, a. a. O., S. 519.
[26] Giese, Aufopferungsanspruch, S. 20.
[27] Entschädigung, S. 51; DÖV 53, 140.
[28] Stödter, in: DÖV 53, 140; Forsthoff, VerwR, S. 312 f.; Fischer, Referat, S. C 42; Haas, System, S. 13.
[29] Referat, S. C 43.
[30] Verhandlungen, Bd. II, S. C 81.

Amtshaftung auch und erst recht eingreife, wenn die rechtswidrige Schädigung vorsätzlich erfolge, also gewollt sei.

Auf den Unterschied zwischen Aufopferungsanspruch und Amtshaftung hat schon das Reichsgericht hingewiesen und ihn darin gesehen, daß bei § 839 eine rechtswidrig schuldhafte Handlung Haftungsvoraussetzung sei, während der Aufopferungsanspruch seine Rechtsgrundlage darin finde, daß der Betroffene von der Obrigkeit gezwungen werde, zum Besten des gemeinen Wesens Privatrechte aufzugeben oder nicht auszuüben[31].

Der Bundesgerichtshof geht zutreffend davon aus[32], daß Aufopferungsanspruch und Amtshaftung auf ganz verschiedenen Ebenen liegen. So wenig wie Rechtswidrigkeit und Verschulden Voraussetzungen des Aufopferungsanspruchs seien, so wenig könnten sie diesen ausschließen. Zwischen beiden Ansprüchen bestehe weder das Verhältnis der Spezialität noch das der Subsidiarität. Spezialität wird abgelehnt, weil es sich um Rechtsnormen aus verschiedenen Rechtskreisen handele und der Tatbestand der Amtshaftung nicht generell die Begriffsmerkmale der Aufopferung oder des enteignungsgleichen Eingriffs erfülle. Subsidiarität könne nur angenommen werden, wenn sie ausdrücklich oder stillschweigend bestimmt sei; das sei aber nicht der Fall. Aus diesen Gründen wird Anspruchskonkurrenz angenommen.

Den Ausführungen des Bundesgerichtshofs ist im Ergebnis und in der Begründung beizupflichten. Da das Sonderopfer Grundlage des Aufopferungsanspruchs ist und dieses den Geschädigten stets gleichermaßen trifft, mag es rechtmäßig oder rechtswidrig, schuldhaft oder schuldlos herbeigeführt sein, muß auch in jedem Fall ein Ersatzanspruch bestehen. Andernfalls würde der Betroffene unter Umständen bei schuldhafter Schädigung schlechter stehen als er bei fehlendem Verschulden stehen würde, wenn nämlich der Verschuldensnachweis schwer zu führen oder die kurze dreijährige Verjährungsfrist des Anspruchs aus § 839 abgelaufen ist.

Nun wird es nicht so sein, daß jede Amtspflichtsverletzung zugleich einen Aufopferungsanspruch auslöst, sondern die Erfordernisse des Aufopferungsanspruchs, wie bewußte und gewollte Schädigung zwecks Förderung des gemeinen Wohls, die Interessenkollision, die Aufopferungslage, sind normalerweise bei einem Amtshaftungsanspruch nicht gegeben.

Die Anspruchskonkurrenz besteht jedoch nicht ganz allgemein; sie verdient eine Einschränkung, wo gemäß § 839 I 2 der Staat nur subsidiär haftet und im konkreten Falle wegen einer bestehenden anderen Ersatzmöglichkeit nicht haften würde. In diesem Sinne sagt der BGH[33], der Aufopferungsanspruch stehe nach seiner Funktion „hinter“ den übrigen

[31] RG 140, 276 (285).
[32] BGH 13, 88 (92).
[33] BGH 20, 81 (83).

Anspruchsgrundlagen für einen Schadensausgleich. An anderer Stelle[34] spricht der BGH sogar ausdrücklich von der „subsidiären Natur" des Aufopferungsanspruchs, allerdings im Sinne einer ganz bestimmten Einschränkung: Der Staat hafte bei fahrlässiger Amtspflichtsverletzung nicht, soweit eine anderweitige Ersatzmöglichkeit bestehe. Diese Regelung zugunsten des Fiskus würde in zahlreichen Fällen von Amtspflichtsverletzungen entfallen, wenn jede ernsthafte Gesundheitsbeschädigung infolge Amtspflichtsverletzung zugleich einen Aufopferungsanspruch und damit für einen anderweitig Ersatzpflichtigen einen Ausgleichsanspruch begründen würde. Wenn schon bei fahrlässiger Schädigung durch die öffentliche Hand für einen Mitverpflichteten keine Ausgleichsmöglichkeit bestehe, dann erscheine es billig, diese Möglichkeit auch bei einer Haftung des Staates ohne Verschulden auszuschließen. Diese Entscheidung entspreche im Prinzip der Lösung, die der Gesetzgeber für einzelne Fälle gegeben habe, z. B. §§ 1833 II, 841, 840 III. Die Verschuldenshaftung gehe in vielen Fällen der Gefährdungshaftung derart vor, daß eine Ausgleichspflicht des Beteiligten entfalle, den im Gegensatz zum anderen kein Verschulden treffe. Es könne dahingestellt bleiben, ob die Verschuldenshaftung überhaupt die Gefährdungshaftung beseitige, jedenfalls biete der in § 840 III enthaltene Gedanke eine Stütze der Entscheidung.

Mit dieser Entscheidung sind die Konkurrenzfragen bei *mehreren* Haftenden zutreffend gelöst; sind jedoch die Voraussetzungen eines Aufopferungsanspruchs und eines Anspruchs aus § 839, Art. 34 GG gegenüber demselben Schuldner gegeben, so soll nach der Rechtsprechung des BGH[35] der Aufopferungsanspruch gerade keine „andere Ersatzmöglichkeit" im Sinne des § 839 I 2 sein.

Auch die jüngste Rechtsprechung des BGH, in der die subsidiäre Natur des Aufopferungsanspruchs betont wird, leugnet nicht grundsätzlich die Möglichkeit des Nebeneinanderbestehens von Aufopferungsanspruch und Amtshaftung, sondern hält mit Recht einen Aufopferungsanspruch lediglich in den Fällen für ausgeschlossen, in denen eine Amtshaftung wegen § 839 I 2 ausnahmsweise nicht Platz greift.

b) Körperschäden

Die letzte und bedeutungsvollste Erweiterung des Aufopferungsanspruchs hat der BGH[36] unter Aufgabe der ständigen Rechtsprechung des RG[37] vollzogen, indem er auch Körperschäden unter den Aufopferungsanspruch einbezog. In einer eingehenden Auseinandersetzung mit der bisherigen Rechtsprechung kommt der BGH zu dem Ergebnis,

---

[34] BGH 28, 297 (301).
[35] BGH 13, 88 (101 ff.).
[36] BGH 9, 83.
[37] RG 156, 305.

daß der in § 75 Einl. ALR normierte Grundsatz gegenständlich nicht auf Vermögensschäden beschränkt sei, sondern jedes Sonderopfer umfasse, das der einzelne an irgendwelchen Rechtsgütern zum Wohle der Allgemeinheit zu erbringen genötigt werde, und eine solche Beschränkung ergebe sich auch nicht aus der Kgl. Kabinetts-Ordre vom 4. 12. 1831.

Die Ausdehnung des Aufopferungsanspruchs auf Körperschäden verdient uneingeschränkte Zustimmung. Eine Unterscheidung zwischen Vermögensschäden und Schädigungen an Leben und Gesundheit einer Person dergestalt, daß nur letztere entschädigungslos hingenommen werden müssen, ist nicht gerechtfertigt. Welcher Wert dem Leben und der körperlichen Unversehrtheit des einzelnen zugemessen wird, ist daraus ersichtlich, daß Art. 2 GG ein Recht auf diese Güter verfassungsmäßig anerkennt. Schädigungen dieser Art erheischen im Verhältnis zu materiellen Schäden nur um so mehr einen Ausgleich, weil diese Güter ungleich höher bewertet werden müssen als materielle, und weil sie den Verletzten viel empfindlicher treffen. Bei Eingriffen in die körperliche Unversehrtheit ist ein voller Ausgleich selbst bei reichlich bemessener Entschädigung nicht zu erzielen, weil stets unausgleichbare seelische Beeinträchtigungen zurückbleiben, auch wenn finanziell der frühere Zustand wiederhergestellt ist. Der Grund für die Zubilligung eines Ersatzanspruchs bei Vermögensschäden, nämlich der Verstoß gegen den Gleichheitsgrundsatz, das den einzelnen im Verhältnis zu den übrigen Bürgern ungleich treffende Sonderopfer, kann auf Nichtvermögensschäden ausgedehnt werden; auch den in seiner körperlichen Unversehrtheit Beeinträchtigten trifft ein Sonderopfer, er steht ungleich gegenüber anderen Bürgern. Durch eine angemessene Entschädigung in Geld ist das Sonderopfer auszugleichen, die Gleichheit wiederherzustellen, soweit das in diesem Falle möglich ist.

In einer mißverständlichen Formulierung sucht der BGH die Befürchtungen einer „uferlosen Ausweitung[38]“ der Entschädigungsansprüche zu zerstreuen. Ein entschädigungspflichtiges Sonderopfer soll nämlich nicht vorliegen, wenn das Gesetz verlange, daß die nachteiligen Folgen, die die gesetzlich angeordneten Maßnahmen für alle oder für einen begrenzten Kreis haben, hingenommen werden. Die Wehrdienstgesetze etwa verlangten bewußt, Freiheitsbeschränkungen und Gesundheitsbeschädigungen, unter Umständen sogar den Tod hinzunehmen, so daß von einem besonderen Opfer nicht gesprochen werden könne. Nur die Nachteile, die über das hinaus gingen, was der einzelne nach dem Willen des Gesetzgebers hinzunehmen habe, könnten als entschädigungspflichtiges Sonderopfer angesehen werden, nicht dagegen solche, die in Kauf zu nehmen der Gesetzgeber anordne[39].

[38] BGH 9, 83 (91).
[39] BGH 9, 83 (87).

Diese Ausführungen des BGH sind im Gesamtzusammenhang der Begründung dieser Entscheidung meines Erachtens nur als „obiter dictum" anzusehen und können keine allgemeine Gültigkeit beanspruchen.

Ein allgemeines Abverlangen von Opfern durch Gesetze ist nicht unbeschränkt möglich, sondern nur innerhalb der vom Grundgesetz gesetzten engen Grenzen. Sowohl vermögenswerte Rechte als auch Leben und körperliche Unversehrtheit sind vom Grundgesetz in den Art. 14 und 2 als Grundrechte anerkannt. Die Zulässigkeit eines Eingriffs in solche Rechte oder ihrer Beschränkung ist nach Art. 19 I und II GG zu beurteilen. Gemäß Abs. I muß es sich zunächst um ein Grundrecht mit einem sogenannten Gesetzesvorbehalt handeln. Ein solcher ist in den Art. 2 und 14 enthalten. Das Gesetz muß weiterhin eine allgemeine Geltung haben und darf nicht für einen Einzelfall erlassen sein. Schließlich muß der Wesensgehalt des Grundrechts erhalten bleiben, d. h. die Einschränkung darf nicht so weit gehen, daß das Grundrecht in seiner Substanz berührt wird.

Im übrigen sind gerade bei allgemeinen gesetzlich auferlegten Nachteilen und Gefahrensituationen Ersatzleistungen und Versorgung für den Schadensfall vorgesehen (etwa in den Wehrdienstgesetzen), die das Opfer zumutbar und mit der Verfassung vereinbar erscheinen lassen. Eine Entschädigung wird auch hier gewährt, das Sonderopfer ausgeglichen, nur handelt es sich um eine *andere Art* des Ausgleichs. Daher ist für eine darüber hinausgehende Zubilligung eines allgemeinen Aufopferungsanspruchs kein Raum.

c) Besondere Schäden im Rahmen einer bestehenden Verpflichtung zur allgemeinen entschädigungslosen Duldung von Schäden

Im allgemeinen stellt eine Wehrdienstbeschädigung mit ihren Folgen keinen Aufopferungstatbestand im Rechtssinne dar, aber weniger, weil es insoweit daran fehlte, daß dem Betroffenen als einzelnem oder als Glied eines begrenzten Personenkreises durch einen Eingriff von hoher Hand ein ihn im Vergleich zu anderen ungleich treffendes und anderen nicht zugemutetes Sonderopfer abverlangt werde, als vielmehr, wie schon gesagt, weil für diese Schadensfälle spezielle Entschädigungs- und Versorgungsansprüche bestehen. Das bezieht sich indes nur auf die infolge des „Eingriffs" oder Zwanges (Heranziehung zum Wehrdienst) unmittelbar erlittene Schädigung, z. B. die Verwundung. Außerhalb dieses Bereiches können jedoch auch im Wehrdienstverhältnis eine selbständige Opferlage und damit ein Aufopferungstatbestand eintreten. Das hat der BGH[40] in einem Fall angenommen, in dem an einem verwundeten Soldaten eine neue, objektiv gefährliche Heilbehandlung zu Forschungszwecken vorgenommen wurde. Der BGH hat hier einen Aufopferungs-

[40] BGH 20, 61 ff.

tatbestand bejaht, weil der Blick entscheidend nicht auf die Heilung des Kranken, sondern auf die Forschung gerichtet war. Davon wird der Fall unterschieden, in dem bei einem verwundeten Soldaten ein in seinen Auswirkungen noch nicht voll erprobtes Mittel im Interesse der anderenfalls voraussichtlich überhaupt nicht oder nicht so gründlich zu erzielenden Heilung angewendet wurde; hier wird beim Eintritt schwerwiegender Folgen kein besonderes Opfer angenommen, weil die Folgen der Behandlung ausschließlich in dem Gefahrenkreis lägen, in den der Geschädigte als Soldat gestellt sei.

Diese Entscheidung bringt nichts Neues; sie geht zutreffend davon aus, daß auch in einem Fall, in dem dem Betroffenen als Soldaten zugemutet wird, Schäden an Gesundheit und Leben hinzunehmen, besondere Schäden entstehen können, die über das Zugemutete hinausgehen, und daß insoweit ein ausgleichspflichtiges Sonderopfer gegeben ist. Zu den Gefahren und Schäden, die einem Soldaten zugemutet werden, gehört nicht, daß er als Versuchsobjekt zur Erprobung noch in der Entwicklung stehender Heilmittel benutzt wird.

d) Besondere Schäden aus einer Heilbehandlung, der sich der Betroffene freiwillig unterzogen hat, zu deren Duldung jedoch eine gesetzliche Pflicht bestand

In der Salvarsan-Entscheidung[41] bejaht der BGH ein entschädigungspflichtiges Sonderopfer, wenn eine in der Regel nicht mit ernsten Gefahren verbundene Heilbehandlung im Einzelfall doch zu einer schweren Gesundheitsschädigung geführt hat. Die Tatsache, daß der Geschädigte sich der Behandlung freiwillig unterzogen hat, soll keine Rolle spielen, weil ein gesetzlicher Zwang zur Behandlung bestehe und jemand, der sich nicht freiwillig behandeln lasse, sich der Möglichkeit der Zwangsbehandlung aussetze.

Die Salvarsan-Entscheidung stellt insoweit eine Erweiterung dar, als hier die gesetzliche Verpflichtung zur Behandlung als ausreichender Grund für die Annahme eines „erzwungenen Opfers" angesehen wird ohne Rücksicht darauf, ob tatsächlich ein Zwang ausgeübt wurde oder ob der Betroffene die gesetzliche Pflicht auch nur gekannt hat. Nicht eine Zwangsanwendung im Einzelfall ist erforderlich, sondern ein gesetzlicher, gleichsam „abstrakter Zwang" reicht aus. Grundlage der Entscheidung ist der richtige Gedanke, daß der, der von sich aus die Forderungen des Gesetzes erfüllt, nicht schlechter stehen darf als der, der erst zwangsweise zur Befolgung der staatlichen Gebote angehalten werden muß.

---

[41] BGH 25, 338 ff.

e) *„Erzwungen-freiwillige" Opfer*

Noch weiter ging der BGH[42] bei einer Schädigung durch eine Tuberkuloseschutzimpfung, die nicht auf gesetzlichem Zwang, sondern lediglich auf einer Empfehlung des Gesundheitsamtes beruhte. In einem Merkblatt wurden die Eltern auf die Gefährdung ihrer Kinder durch diese Krankheit einerseits und auf den Schutz andererseits hingewiesen, den die „völlig ungefährliche" Impfung biete. Hier unterscheidet der BGH die „eindringliche Erteilung von Rat", in der kein Abverlangen eines Opfers gesehen werden könne, von der „in besonders eindringlicher Weise gehaltenen Empfehlung", die geeignet sei, die Eltern in schwere Gewissensnot zu versetzen. Wenn auch ein unmittelbarer Zwang zur Impfung nicht ausgeübt worden sei, so habe das beklagte Land den Eltern eine eigene Entscheidung nur der Form nach zugestanden, während es sie in Wirklichkeit durch Einwirkung auf ihr Gewissen dazu bestimmt habe, die Kinder der Impfung zuzuführen. Entscheidendes Indiz soll sein, eine wie große Anzahl von Eltern sich von dem Merkblatt habe beeindrucken lassen.

Das bisher stets als Voraussetzung des Aufopferungsanspruchs betonte Merkmal, daß das im Einzelfall erbrachte Sonderopfer dem Betroffenen hoheitlich abverlangt sein muß, ist hier praktisch aufgegeben, wenn sich die Entscheidung auch in ihrer Begründung bemüht, diese Voraussetzung als gegeben darzutun. Weder die „eindringliche Erteilung von Rat" noch die „in besonders eindringlicher Weise gehaltene Empfehlung" stellen einen Zwang dar. Es ist denkbar, daß auch ohne unmittelbaren Zwang durch Androhung irgendwelcher Nachteile (z. B. Ausschluß der nicht geimpften Kinder vom Besuch der höheren Schule oder Zahlung einer Buße von 1000,— DM zugunsten der Tbc-Hilfe) eine eigene freie Entscheidung nur der Form nach zugestanden, in Wahrheit jedoch praktisch eine Impfung gefordert wird. Eine solche Beeinflussung ist im vorliegenden Falle nicht erfolgt. Die Eltern sind wahrscheinlich nicht nur in keine Gewissensnot geraten, sondern eine Entscheidung zugunsten der Impfung wird ihnen sogar besonders leicht gefallen sein, weil die Vorteile der als ungefährlich bezeichneten Impfung die drohenden Nachteile bei Verzicht auf die Impfung weit überwogen.

Mochte man auch mit dieser Entscheidung die Grenzen des Aufopferungsanspruchs für erreicht ansehen, so wurde sein Anwendungsbereich vom BGH[43] trotzdem noch erweitert und ein Entschädigungsanspruch auch in einem Falle gewährt, in dem das Merkblatt mit keinem Wort die Impfung eindringlich empfohlen oder durch Herausstellung von Gefahren für nicht geimpfte Kinder die Eltern in eine Gewissensnot versetzt hat; der Inhalt des Merkblattes ging in diesem Fall über eine

[42] BGH 24, 26 ff.

[43] BGH 31, 187 ff.

sachliche Erteilung von Rat nicht hinaus. Die überwiegende Zahl der Eltern hat den Rat nicht befolgt und die Kinder nicht impfen lassen.

Der Anspruch wird aus dem Verhältnis des einzelnen zum Staat abgeleitet. Das staatliche hoheitliche Handeln bestehe heute in besonderem Maße in Planung, Vorsorge und Fürsorge. Dabei habe der Staat, wenn er sich seines umfangreichen geschulten und mit besseren Mitteln ausgestatteten Apparates bediene, im Verhältnis zum einzelnen ganz andere Möglichkeiten, neue technische und wissenschaftliche Erkenntnisse zu überprüfen. Der einzelne Staatsbürger sei demgegenüber nicht in der Lage, sich ein ausreichendes Bild zu machen. Hinzu komme, daß der Bürger dem Staat im Bereich des Fürsorgerischen mit Vertrauen und Bereitschaft zur freiwilligen Einordnung gegenübertreten solle. Das bedeute, daß man davon auszugehen habe, der Bürger dieses Staates werde, wenn ihm die zuständigen, für das Gemeinwohl verantwortlichen sachkundigen Stellen mit Rücksicht auf die öffentliche Wohlfahrt einen Rat gäben, den sie für ungefährlich hielten, ihm folgen. Das heiße aber, gerade der rechtschaffen gesonnene Bürger gerate in die Lage, daß er, indem er sich freiwillig füge, gegen die vorausgesehene Regel einen außerordentlich schweren Schaden an Leib und Leben erleide, den ihm die Gemeinschaft erkennbar entschädigungslos nicht zugemutet habe, nicht zumuten könne und wolle, gerade weil sie ihre verfassungsmäßige Ordnung in einem demokratischen und sozialen Rechtsstaat gefunden habe. Das beklagte Land habe zum Ausdruck gebracht, es halte die Impfung für ungefährlich und erwarte, daß die Eltern die Empfehlung befolgten. Der Staat habe damit im Bewußtsein, daß der Bürger sich unter den obwaltenden Umständen dem Merkblatt füge und sein Kind der — später als nicht ungefährlich erkannten — Impfung zuführen werde, dem geschädigten Kind zwar nicht durch Ausübung eines gesetzlichen Impfzwanges, wohl aber vermittels eines psychologischen Abforderns der Impfung von den für das Kind handelnden Eltern ein besonderes Opfer auferlegt. Dieses Abfordern habe vorgelegen, auch wenn die Impfung als freiwillig bezeichnet worden sei. Daß ein besonderes gesundheitliches Opfer von einem Kind hier im Interesse des Volksganzen erbracht worden sei, ergebe sich daraus, daß die Impfung nicht nur dem Schutz des Kindes, sondern auch dem der Allgemeinheit dienen sollte.

Wenn auch formal am herkömmlichen Begriff des Sonderopfers festgehalten wurde, so ist doch von einem Auferlegen und Abfordern eines solchen Opfers, von einem hoheitlichen Zwang nichts mehr sichtbar. Der Staat ist in diesem Fall nicht mehr als ein durch seine großen Möglichkeiten besonders sachverständiger Ratgeber, und für einen solchen hält ihn der betroffene Bürger auch nur. Wer auf den Rat eines Menschen hört, der besonders sachkundig ist, wird nicht gezwungen, dem Rat zu folgen.

In Wahrheit sind es mehrere andere Gründe, die die Entscheidung tragen, und die im Leitsatz angeführt sind, der folgendermaßen lautet:

> Das einen Aufopferungsanspruch wegen Impfschadens begründende Abverlangen eines Sonderopfers an der Gesundheit kann auch darin bestehen, daß der Staat zu einer — in der Regel ungefährlichen — allgemeinen Schutzimpfung rät, wenn der Geschädigte oder Erziehungsberechtigte erwartungsgemäß der Impfung zustimmt, weil er dem Rat vertraut und sich mit Rücksicht auf das Gemeinwohl fügt.

Als erstes Merkmal ist der Rat zu einer allgemeinen, in der Regel ungefährlichen, Maßnahme zu nennen. Dieser Rat ist eine Empfehlung, aber kein Zwang. Zu dem Rat kommt die Erwartung, daß er auch befolgt wird. Der Betroffene hat nun dieser Erwartung entsprochen und auf den Rat mit Rücksicht auf das Gemeinwohl vertraut, dessen Förderung die empfohlene Maßnahme dienen soll. Die Rücksicht auf das Gemeinwohl darf allerdings nicht als tragender Gesichtspunkt angesehen werden, denn man kann dem Bürger nicht zu viel Gemeinschaftssinn zumuten. Bei der Impfung ist für den einzelnen in aller Regel das Interesse an seiner eigenen Immunität gegen die betreffende Krankheit entscheidend und nicht die Wirkung der Impfung zugunsten der Allgemeinheit.

Im wesentlichen beruht die Entscheidung auf dem Gedanken des Vertrauensschutzes, dessen Anwendung im Verhältnis des einzelnen zum Staat besonders geboten ist, und zwar in erhöhtem Maße gerade dann, wenn der Staat nicht mit hoheitlichem Zwang auftritt, sondern sich im Wege der Empfehlung auf fürsorgerischem Gebiet an die „rechtschaffen gesonnenen" Bürger wendet in der Hoffnung, daß Folge geleistet werde. Von einem Abverlangen eines Sonderopfers, auch einem psychologischen, kann bei der Erteilung eines Rates keine Rede sein. Man kann den Leitsatz der Entscheidung so verstehen, daß es dem Abverlangen eines Sonderopfers *gleichzuachten* sei, wenn bei der Befolgung eines allgemeinen obrigkeitlichen Rates ein Schaden entsteht.

4. Die „Vorteilserlangung"

Die Formulierung des Reichsgerichts[44], der Staat oder der sonstige öffentlich-rechtliche Verband, der einen schuldlos rechtswidrigen Eingriff vorgenommen habe, müsse dem Betroffenen einen vermögenswerten Ausgleich des erlittenen Schadens gewähren, wenn der Eingriff dem öffentlichen Gemeinwesen zum Nutzen gereichen sollte *und den Vorteil erbracht habe,* legt den Schluß zumindest nahe, daß ein Entschädigungsanspruch nur bestehe, wenn das Gemeinwohl tatsächlich objektiv gefördert, der erstrebte Vorteil erreicht worden sei. Dieser Schluß wäre indes nicht richtig, und das RG hat einen solchen Grundsatz auch nicht aussprechen

---

[44] RG 140, 276 (283).

wollen, wie sich aus der Entscheidung selbst ergibt; es hat nämlich einen Entschädigungsanspruch gewährt, obwohl durch den Eingriff kein Vorteil erlangt worden war. Rechtsgrund der Entschädigungspflicht ist nicht der erlangte Vorteil, die Bereicherung des Staates oder sonstigen öffentlichen Gemeinwesens, sondern allein das Sonderopfer des Betroffenen[45], das ausgeglichen werden soll. Dieses entsteht mit der Schädigung, gleichgültig ob der damit erstrebte Erfolg erlangt wird oder nicht. Die Erlangung des erstrebten Vorteils ist lediglich das Ziel der Handlung. Ganz abgesehen von dem Rechtsgrund der Haftung wäre es auch unbillig, die Ersatzpflicht von der tatsächlichen Vorteilserlangung abhängig zu machen. Der Staat oder der sonstige öffentlich-rechtliche Verband muß das Erfolgsrisiko seines Handelns selbst tragen. Dieses Risiko trägt auch jeder selbst, der *eigene* Werte zur Erlangung höherer opfert.

Für die Frage der Vorteilserlangung und des Vorteilsausgleichs beim Aufopferungsanspruch ist folgendes zu unterscheiden:

Wesentlich für den Aufopferungsanspruch ist eine besondere Interessenverfolgung unter Verletzung fremder Rechte und Rechtsgüter; die tatsächliche Interessenförderung, d. h. die Erlangung des erstrebten Vorteils ist das Ziel des Handelns, aber nicht Voraussetzung des Aufopferungsanspruchs.

Dagegen kann beim Aufopferungsanspruch für rechtmäßige Eingriffe ein Vorteil, der stets erlangt wird, in der Zulässigkeit der Verfolgung besonderer Interessen auf Kosten fremder Rechtsgüter gesehen werden. Wer eigene Interessen durch Beeinträchtigung fremder Rechtssphäre zu verwirklichen suchen darf, genießt ein besonderes Privileg, und diesem Vorteil steht gewissermaßen der Nachteil der Entschädigungspflicht gegenüber. Nur insoweit kann daher von einer Art „Vorteilsausgleich" gesprochen werden.

5. Das Verhältnis von Enteignungsentschädigung und Aufopferungsanspruch

Der BGH[46] hat eine Trennung von Enteignung und Aufopferung in folgender Weise vorgenommen: Jedem den einzelnen ungleich belastenden Eingriff von hoher Hand in *vermögenswerte* Rechte ist Enteignungscharakter beizumessen; die von der Rechtsprechung auf Grund der §§ 74, 75 Einl. ALR zum Aufopferungsanspruch entwickelten Grundsätze greifen nur bei Beeinträchtigung *nichtvermögenswerter* Güter ein, also besonders bei Körperschäden. Unerheblich ist, ob die Schädigung durch rechtmäßige oder rechtswidrige, schuldhafte oder schuldlose Eingriffe herbeigeführt wurde.

---

[45] Katzenstein, a. a. O., S. 194; Bachof, Vornahmeklage, S. 118, Fischer, Referat, S. C 43, Anm. 22.

[46] BGH 13, 88 (90).

Gegen diese Einteilung wendet sich Schack[47]. Er lehnt den sogenannten enteignungsgleichen Eingriff ab und will eine Enteignungsentschädigung nur bei einem rechtmäßigen Eingriff gewähren. Eine entsprechende Anwendung der Vorschriften über die Enteignung auf rechtswidrige Eingriffe hält er nicht für möglich, weil eine entsprechende Anwendung nur bei fehlender Regelung zulässig sei; es sei aber gerade eine Regelung in Gestalt des Aufopferungsanspruchs vorhanden. Der Aufopferungsanspruch bleibe weiter in den Fällen wichtig, in denen durch eine Eigentumsbeschränkung zwar ein Sonderopfer auferlegt werde, aber mangels Entziehung eines Rechts keine Enteignung gegeben sei. Dem Aufopferungsanspruch soll somit folgender Anwendungsbereich verbleiben[48]:

1. Bei dem einzelnen ein Sonderopfer auferlegenden *rechtswidrigen* Schäden,
   a) soweit diese schuldlos rechtswidrig sind,
   b) soweit diese schuldhaft rechtswidrig sind (sofern man hier nicht ausschließlich Amtshaftungsrecht anwendet),
2. bei dem einzelnen ein Sonderopfer auferlegenden *rechtmäßigen* Schäden, die keine Enteignung sind, weil
   a) kein Eingriff vorliegt,
   b) die Schädigung in einer geringfügigen Beschränkung liegt.

Die Abgrenzung von Aufopferungsanspruch und Enteignungsentschädigung ist meines Erachtens weder vom BGH noch von Schack zutreffend vorgenommen worden.

Auszugehen ist von den Begriffen Enteignung und Aufopferung. Das Wort Enteignung beinhaltet zweierlei, nämlich einmal, daß es sich um die *Entziehung* eines Rechts handeln muß und nicht nur um eine Beschränkung, zum andern, daß ein *Vermögensrecht* betroffen sein muß.

Der Ausdruck Aufopferung ist globaler und neutraler, er umfaßt jeden Schaden, jedes Opfer, Entziehung *und* Beschränkung eines Rechts, Schädigungen vermögenswerter *und* immaterieller Güter.

Der Rechtmäßigkeit oder Rechtswidrigkeit der Schädigung kann dagegen keine entscheidende Bedeutung zukommen. Schack, der den enteignungsgleichen Eingriff ablehnt und im Aufopferungsanspruch eine die analoge Anwendung der Enteignungsvorschriften ausschließende Regelung sieht, beachtet nicht, daß auch der Aufopferungsanspruch — wie die Enteignungsentschädigung — ursprünglich nur rechtmäßige Schäden ausgleichen sollte, was sich aus den §§ 74, 75 Einl. ALR ergibt. Wenn seine Ausdehnung auf rechtswidrige Schäden, die das Reichsgericht vorgenommen hat, zulässig war, dann sind auch die „enteignungsgleichen Eingriffe" als von den Enteignungsvorschriften erfaßt anzusehen, wie es der BGH ausgesprochen hat.

---

[47] JZ 56, 425.

[48] Ähnlich WOLFF, VerwR, S. 340.

Enteignungsentschädigung ist demnach zu gewähren, wo vermögenswerte Rechte entzogen oder soweit beschränkt worden sind, daß es einer Entziehung gleichkommt, wenn z. B. das Recht dem Inhaber lediglich formal belassen, aber jede Handlungsfreiheit und Verfügungsmacht genommen worden ist. Ein Aufopferungsanspruch besteht bei Nichtvermögensschäden sowie bei Beschränkungen von Vermögensrechten, die nicht als Entziehung angesehen werden können.

6. Der Umfang des Entschädigungsanspruchs

Enteignungs- und Aufopferungsentschädigung sind zwar zu unterscheiden, aber bei Berücksichtigung der Tatsache, daß die Enteignung nur ein besonderer Fall der Aufopferung ist, ergibt sich, daß auf Grund der Gemeinsamkeit beider Ersatzansprüche für den einen Anspruch das gelten muß, was von Rechtsprechung und Schrifttum für den anderen entwickelt worden ist, sofern es sich nicht um Besonderheiten handelt, die naturgemäß nur bei dem einen oder anderen Anspruch zutreffen können[49].

Was Maß und Umfang der Aufopferungsentschädigung angeht, so wird stets betont, daß es sich nicht um einen Schadensersatzanspruch, sondern um einen Ausgleich nach Billigkeit, um eine angemessene Entschädigung handele. Nur der Verlust oder Nachteil, der dem Geschädigten in seinem gegenwärtigen Vermögensstand erwachsen ist, sei auszugleichen, wobei unter Umständen der gemeine Wert noch unterschritten werden dürfe[50]; es brauche also nicht der volle Schaden mit allen seinen zukünftigen Folgen ersetzt zu werden, insbesondere nicht der entgangene Gewinn[51].

Einen Ausgleich für Schmerzen und sonstige immaterielle Nachteile lehnt die Rechtsprechung mit der Begründung ab, die gegenwärtige Rechtsordnung und insbesondere das Schadensersatzrecht und Entschädigungsrecht seien von dem Grundsatz des § 253 beherrscht, wonach Ausgleich in Geld nur für vermögensrechtliche (materielle) Einbußen verlangt werden könne; eine Ausnahme bildeten lediglich die §§ 847 und 1300[52]. In diesen Fällen liege ein vermeidbares schuldhaftes Verhalten vor. In allen Tatbeständen, die nicht Verschulden voraussetzten, habe der Gesetzgeber davon abgesehen, dem Geschädigten einen Ausgleich für immaterielle Schäden zu gewähren. Von dem Grundsatz, daß nur für vermögensrechtliche Nachteile Entschädigung gewährt werde, gehe auch § 75 Einl.

---

[49] BGH 9, 83 (93).

[50] BGH 6, 276 (293).

[51] Schack, Gutachten, S. 44; RG 126, 356 (361); BGH 6, 276 (293); 7, 331 (334).

[52] BGH 20, 61 (68); 22, 44 (47); a. A. Enn.-Nipperdey, S. 1347; Hubmann, a. a. O., S. 493.

ALR aus[53], auf den das gewohnheitsrechtlich entwickelte Institut des Aufopferungsanspruchs zurückgehe. Dementsprechend sei auch in allen Fällen, in denen hier interessierende Aufopferungstatbestände eine besondere gesetzliche Regelung erfahren hätten, von einer Entschädigung für nichtvermögensrechtliche Schäden abgesehen worden (Nachweise). Daraus müsse geschlossen werden, daß der Gesetzgeber eine Entschädigung für immaterielle Schäden nur in den genannten Sonderfällen, nicht jedoch beim Aufopferungsanspruch, gewähren wolle. Damit sei jedoch die Beseitigung immaterieller Schäden im Wege der Naturalrestitution nicht ausgeschlossen. Auch Geldaufwendungen könnten berücksichtigt werden, die dem Geschädigten die Möglichkeit geben, die vorhandenen immateriellen Schäden, wie Schmerzen und Depressionen, naturaliter zu beseitigen[54].

So großzügig man bei der Gewährung eines Aufopferungsanspruchs „dem Grunde nach" verfährt, so ängstlich begrenzt man den Anspruch in seinem Umfang und betont stets den Unterschied zum Schadensersatzanspruch. Wenn es Aufgabe des Aufopferungsanspruchs ist, ein Sonderopfer, das den einzelnen ungleich getroffen hat, auszugleichen, dann muß auch allein dieses Sonderopfer den Umfang des Anspruchs bestimmen. Nur durch vollen Ersatz kann das Sonderopfer ausgeglichen, die Gleichheit wieder hergestellt werden. Der gemeine Wert darf höchstens unterschritten werden, wenn der Betroffene den wahren Wert der verlorenen Gegenstände nie realisiert hätte (z. B. er hätte antike Möbel verbrannt, aus einer Bildtafel eine Stalltür gezimmert, einen Isphahan-Teppich als Pferdedecke benutzt). In der Regel ist mindestens der gemeine Wert als Ersatz zu leisten, denn der Betroffene soll in der Lage sein, sich mit Hilfe der Entschädigung ein gleichwertiges Objekt zu verschaffen. Für den Geschädigten besteht grundsätzlich keine Veranlassung, einen Teil des ihm zugefügten Schadens mit Rücksicht auf die allgemeine Nützlichkeit des Unternehmens entschädigungslos hinzunehmen[55]. Im Ergebnis handelt es sich also um einen Schadensersatz, institutionell jedoch nicht[56].

Der Ausschluß des Ersatzes entgangenen Gewinns ist nirgendwo ausreichend begründet; wenn angeführt wird, nur der Nachteil im gegenwärtigen Vermögen des Geschädigten sei auszugleichen, so ist das eine Behauptung, aber keine Begründung. Die Lösung kann nur aus dem Begriff des Sonderopfers entwickelt werden. Entscheidend ist deshalb, ob der Entgang des Gewinns den Geschädigten gegenüber anderen Bürgern außerordentlich belastet. Das wäre etwa dann der Fall, wenn andere Bürger unter den gleichen Umständen einen entsprechenden Gewinn machen oder machen würden und nur der Betroffene darauf verzichten

[53] BGH 20, 61 (69).
[54] BGH 20, 61 (70).
[55] RG 167, 14 (26); BGH 11, 156; 26, 373 (374).
[56] ESSER, Schuldrecht, S. 226.

muß. Wenn z. B. ein Industriewerk einen großen Komplex von 20 ha Land kaufen will und das Doppelte des Verkehrswertes bietet, um die Eigentümer verkaufswillig zu stimmen, daraufhin alle verkaufsbereit sind und jetzt das Grundstück eines Beteiligten enteignet oder in einen Naturschutzbezirk einbezogen und mit einem Bebauungsverbot belastet wird, besteht das Sonderopfer nicht nur in dem Verlust des Grundstücks, sondern auch in dem entgangenen Gewinn, den die übrigen Bürger machen; daher muß auch er ersetzt werden.

Man könnte auf den Gedanken kommen, Gewinn sei ein Sonder*vorteil* und sein Nichteintritt daher kein Sonder*opfer;* Sonderopfer sei vielmehr nur der Substanzverlust, nur der Schaden, den der Betroffene im Verhältnis zu den übrigen Bürgern erlitten hat. Damit würde man jedoch einem vernünftigen, wirtschaftlichen Vermögensbegriff nicht gerecht werden und den entgangenen Gewinn zu einem bloßen Affektionsinteresse abwerten. Andererseits kann auch nicht jede vage Hoffnung und Gewinnaussicht für alle Zukunft bei der Bemessung der Entschädigung berücksichtigt werden. Daher ist der Entgang des Gewinns nur dann als Vermögenseinbuße und Sonderopfer auszugleichen, wenn die Gewinnaussicht sich zu einer konkreten vermögenswerten Expektanz verdichtet hat, deren Realisierung unmittelbar oder in nächster Zeit mit Gewißheit zu erwarten war. Die hier zu stellenden Anforderungen gehen also über die des § 252 hinaus.

Zu Unrecht verweigert die Rechtsprechung einen Ausgleich für Schmerzen und immaterielle Nachteile. Der Begriff des Aufopferungsanspruchs ist neutral und umfassend, er ist von sich aus nicht auf Vermögens- oder Körperschäden beschränkt, sondern will schlechthin ein Sonderopfer ausgleichen. Als ein solches sind auch Schmerzen und seelische Nachteile anzusehen, die im Zusammenhang mit einer Körperverletzung entstehen. Auf das Schadensersatzrecht und die Regelung des § 253 kann man nicht zurückgreifen, weil der Aufopferungsanspruch — was in der Rechtsprechung stets betont wird — kein Schadensersatzanspruch, sondern ein billiger Ausgleich für ein Sonderopfer ist. Der Gesichtspunkt der geschuldeten Genugtuung, dem der BGH neuerdings neben der Ausgleichsfunktion des Schmerzensgeldes einen breiten Raum gibt[57], muß allerdings bei einer rechtmäßigen Schädigung ausscheiden, aber er ist auch nicht der tragende Grund für die *Gewährung* von Schmerzensgeld überhaupt, sondern wird lediglich bei der Bemessung der Höhe mit berücksichtigt. Entscheidend ist auch nicht, wie Hubmann[58] meint, ob der Verletzer auf Grund des Sonderopfers seine eigenen Interessen tatsächlich gefördert und einen geldwerten Vorteil erlangt hat. Die Erwägungen, die die Gewährung eines Ersatzanspruchs bei Körperschäden tragen, nämlich daß das Recht auf körperliche Unversehrtheit als verfassungsmäßig anerkanntes Grundrecht einen besonderen Schutz verdient, und daß ver-

[57] BGH GS 18, 149 (154), anders BGH 7, 223 ff.

[58] Hubmann, a. a. O., S. 493.

mögenswerte Rechte nicht höher bewertet werden dürfen als nicht vermögenswerte Güter, rechtfertigen und gebieten auch für Schmerzen und immaterielle Schäden einen Ausgleich. Diesem Ergebnis hat sich der BGH bereits angenähert, wenn er Geldaufwendungen berücksichtigen will, durch die der Verletzte Schmerzen und Depressionen naturaliter beseitigen oder mindern kann. Läßt man es ausreichen, daß die Schmerzen „kompensiert" werden, so ist man bei einem Schmerzensgeldanspruch angelangt. Das ist meines Erachtens auch im Hinblick auf die Grundsätze der Billigkeit und der Gleichbehandlung geboten. In der Regel ist nämlich eine Naturalbeseitigung der Schmerzen nur bei leichten Körperschäden möglich, nicht dagegen bei schweren Verletzungen. Nach der Ansicht des BGH würde der Leichtverletzte mit Hilfe des Schmerzensgeldes einen vollen Ausgleich erlangen, während der Schwerverletzte, dem ein Ausgleich in weit höherem Maße gebührt, leer ausginge.

Die für den zivilrechtlichen Schadensersatzanspruch entwickelten Grundsätze über den Vorteilsausgleich werden auch auf den Aufopferungsanspruch angewendet. Weil nur die de facto erlittene wirtschaftliche Einbuße ausgeglichen werden soll, sind adäquat erlangte Vorteile als schadensmindernd zu berücksichtigen, sofern es echte Vermögensvorteile, nicht bloß vermiedene Unannehmlichkeiten sind[59]. Da es sich um den Ausgleich eines *Sonderopfers* im Verhältnis zu den übrigen Bürgern handelt, können auch nur *Sondervorteile* maßgebend sein. Soweit es sich um Vorteile handelt, die allen gleichmäßig zugute kommen, können sie dem Kläger nicht als schadensmindernd angerechnet werden[60]. Sein Sonderopfer bliebe anderenfalls bestehen, denn die übrigen werden dieser Vorteile im gleichen Maße teilhaftig, ohne Einbußen zu erleiden. Dem durch Straßenausbauarbeiten beeinträchtigten Anlieger können nicht die Vorteile entgegengehalten werden, die in der Benutzung der verbesserten Straße liegen, weil diese Vorteile auch anderen Anliegern zugute kommen, die keine Schäden erlitten haben. Ebensowenig dürfen Vorteile berücksichtigt werden, die das Ziel des schädigenden Eingriffs sind, z. B. die allgemeinen Vorteile, die die Flurbereinigung für die beteiligten Eigentümer mit sich bringt[61].

Die auf einen Schadensersatzanspruch nach §§ 249 ff. zugeschnittene Bestimmung des § 254 kommt bei einem Aufopferungsanspruch grundsätzlich nicht zur Anwendung, aber einen Mangel, der dem aufgeopferten Gegenstand von vornherein innewohnte, hat das Reichsgericht zutreffend bei der nach Billigkeit zu bemessenden Entschädigung als diese mindernd berücksichtigt[62].

---

[59] BGH 6, 270 (295).
[60] BGH NJW 59, 1776 (1778).
[61] BVerwG NJW 59, 643.
[62] RG 167, 14 (26), unsicherer Baugrund.

Die in den §§ 844, 845 enthaltenen Ausnahmen von dem Grundsatz, daß nur der unmittelbar Verletzte schadensersatzberechtigt ist, sind auf den Aufopferungsanspruch analog anzuwenden, weil dieser unter den hier interessierenden Gesichtspunkten den Tatbeständen der unerlaubten Handlung oder der Gefährdungshaftung tatsächlich und rechtlich so nahe steht, daß dem geschädigten Unterhaltsberechtigten eine Entschädigung nicht versagt werden kann[63].

7. Zusammenfassung

Der Aufopferungsanspruch als Entschädigungsanspruch des öffentlichen Rechts ist heute als selbständiges Rechtsinstitut gewohnheitsrechtlich anerkannt und gewährt einen Ausgleich für Sonderopfer, die, durch hoheitliche Maßnahmen im Interesse der Allgemeinheit veranlaßt, den einzelnen ungleich belasten. Rechtswidrigkeit und Verschulden bei der Schädigung schließen den Anspruch grundsätzlich nicht aus; allerdings findet er seine Grenze in den Fällen, in denen der Staat gemäß § 839 I 2 nur subsidiär haftet und im konkreten Falle wegen einer bestehenden anderweitigen Ersatzmöglichkeit nicht haften würde.

Von der Enteignung, die ein Spezialfall der Aufopferung ist, ist der Aufopferungsanspruch in folgender Weise abzugrenzen: Enteignungsentschädigung ist zu gewähren, wo vermögenswerte Rechte entzogen oder soweit beschränkt worden sind, daß es einer Entziehung gleichkommt. Ein Aufopferungsanspruch besteht bei immateriellen Schäden sowie bei einer Beschränkung von Vermögensrechten, die nicht als Entziehung angesehen werden kann.

Der Aufopferungsanspruch ist nicht auf Vermögensschäden beschränkt, sondern gilt für jedes Sonderopfer an irgendwelchen Rechtsgütern, zu dem der einzelne zum Wohle der Allgemeinheit genötigt worden ist, also besonders für Körperschäden.

Das Erfordernis einer gewissen Zwangsanwendung, das in den Worten „Entziehung" (von Rechten) und „Auferlegung" (von Opfern) zum Ausdruck kommt, ist praktisch — jedenfalls im Bereich der Körperschäden — aufgegeben. Eine Entschädigung wird nicht nur bei der Anwendung unmittelbaren Zwanges (Enteignung) oder beim Bestehen einer allgemeinen Duldungspflicht ohne Zwangsanwendung im Einzelfall (Salvarsan-Schäden), sondern auch dann gewährt, wenn ein Bürger darauf vertraut hat, daß eine obrigkeitlich empfohlene Maßnahme seinem eigenen Wohl und dem der Allgemeinheit nützlich sei, und dieses Vertrauen Schutz verdient.

---

[63] BGH 18, 286 (289 f.).

Nicht erforderlich ist, daß der beabsichtigte Vorteil auch erlangt wird, d. h. daß das Opfer des einzelnen tatsächlich der Allgemeinheit Vorteile erbringt.

Der Umfang des Ersatzanspruchs bestimmt sich nach dem Sonderopfer, das auszugleichen ist. Daraus folgt:

1. In der Regel ist voller Ersatz zu leisten, denn nur dadurch kann das Sonderopfer tatsächlich ausgeglichen, die Gleichheit wieder hergestellt werden.
2. Auch für immaterielle Schäden ist ein Ausgleich geboten, da sie gleichfalls ein Sonderopfer darstellen können und vermögenswerte Rechte nicht höher bewertet werden dürfen als immaterielle Güter.
3. Entgangener Gewinn ist dann zu ersetzen, wenn der Entgang des Gewinns sich als Sonderopfer darstellt, also wenn die Gewinnaussicht sich zu einer konkreten vermögenswerten Expektanz verdichtet hat, deren Realisierung unmittelbar oder in nächster Zeit gewiß war; das ist der Fall, wenn andere Bürger unter gleichen Umständen einen entsprechenden Gewinn machen oder machen würden.

B. Die Gefährdungshaftung im öffentlichen Recht

1. Problemstellung

Neben dem Aufopferungsanspruch und von ihm ausgehend wird auch für das öffentliche Recht von einer Gefährdungshaftung gesprochen, einem Institut, das im Zivilrecht seinen festen Platz hat. Schon Otto Mayer[64] meint, die öffentliche Verwaltung müsse stets die Gefahr ihrer gefährlichen Unternehmungen tragen, indem sie für den durch ihre Einwirkung angerichteten Schaden ausgleichende Entschädigung leiste, wobei der Nachweis von Rechtswidrigkeit und Verschulden überflüssig sei und die Verursachung allein genüge.

Die normierten Haftungsgrundlagen regeln stets mehr oder weniger weit gefaßt fest umrissene Einzeltatbestände, die jedenfalls bei wörtlicher Interpretation nicht lückenlos ineinandergreifen und einen Teil der abgeltungsbedürftigen Schadensfälle nicht direkt erfassen. Die Rechtsprechung hat freilich de facto immer, wenn es geboten war, einen Anspruch gewährt, wenn auch oft mit theoretisch nicht einwandfreier Begründung. So wurden wie im Zivilrecht die Sorgfaltspflicht enorm übersteigert und der Kreis der Amtspflichten des § 839 stark erweitert. Die Amtshaftung beruht zwar auf dem Verschuldensgedanken, hat sich

[64] VerwR II, S. 301.

indes einer Gefährdungshaftung angenähert, weil mit einem fiktiven Schuldbegriff gearbeitet wird[65].

Die Ersatzpflicht für Schäden, die bei rechtmäßiger und schuldlos rechtswidriger Ausübung öffentlicher Gewalt entstehen, ist gesetzlich nicht erschöpfend geregelt. Der Aufopferungsanspruch wurde für alle diese Fälle als Auffangtatbestand benutzt.

Von Rechtsprechung und Schrifttum wird stets als Wesensmerkmal des Aufopferungsanspruchs das im öffentlichen Interesse *abverlangte* oder *erzwungene* Sonderopfer bezeichnet. Der Begriff des „erzwungenen Sonderopfers" bereitet Schwierigkeiten nicht nur hinsichtlich der Anwendung von Zwang und der Beschränkung der Entscheidungsfreiheit des einzelnen, sondern auch im Hinblick auf das Verhältnis von hoheitlich angeordneter oder empfohlener Maßnahme zu einem gleichzeitig oder nachträglich daraus entstehenden Schaden. Nur in einem Teil von Fällen führt die obrigkeitliche Maßnahme notwendigerweise zu einem unmittelbaren Schaden des Betroffenen. Vielfach wird die Duldung bestimmter Maßnahmen gesetzlich erzwungen (Pflichtimpfung), ohne daß damit zugleich ein Sonderopfer in Form einer erheblichen Schädigung abverlangt oder auferlegt werden soll. Der Schaden ist dann nicht bewußt und gewollt herbeigeführt und dient nicht dem gemeinen Besten, sondern er ist mehr zufällig anläßlich der Ausübung hoheitlicher Gewalt entstanden. Ein für solche Schäden gewährter Ersatzanspruch steht systematisch zwischen der Entschädigung für rechtmäßige Eingriffe und dem Schadensersatz wegen schuldhafter Amtspflichtverletzungen[66].

Unter „öffentlich-rechtlicher Gefährdungshaftung" sind also Schadensfälle zu verstehen, die aus einer von hoher Hand geschaffenen besonderen Gefahrenlage entstanden sind und für den Betroffenen ein besonderes, außergewöhnliches Opfer darstellen, ohne daß eine gewollte Schädigung des einzelnen gegeben ist[67]. Folgende Fälle werden als Beispiele genannt[68]:

1. Durch das Arbeitsamt wurden deutsche Bauarbeiter zusammen mit Kriegsgefangenen zum Barackenbau eingesetzt. Trotz Schutzimpfung erlitt ein Arbeiter eine Fleckfieberinfektion.
2. Ein Feuerwehrmann, der zum seuchenpolizeilichen Absperrdienst herangezogen wurde, infizierte sich an Kinderlähmung.
3. Ein Polizeibeamter schoß bei einem Fluchtversuch eines Verbrechers auf diesen, traf jedoch einen Unbeteiligten, der plötzlich aus einem Haus trat und in die Schußlinie der Dienstpistole geriet.
4. Ein Polizist, der einen Verbrecher festgenommen hatte, bat einen Zivilisten, diesen für kurze Zeit zu bewachen, um ein dienstliches

---

[65] Esser, Gefährdungshaftung, S. 39; Reinhardt, Verhandlungen II, S. C 89; Scheuner, DÖV, 54, 591 f.

[66] Bachof, Vornahmeklage, S. 118.

[67] vgl. dazu aber einschränkend S. 26 ff.

[68] Wilke, a. a. O., S. 55 f.

Telefongespräch zu führen; in der Zwischenzeit erstach der Festgenommene seinen Wächter.

2. Die öffentlich-rechtliche Gefährdungshaftung im Schrifttum

Im neueren Schrifttum[69] werden, soweit es zu den hier behandelten Fragen Stellung nimmt, eine besondere Behandlung dieser Fälle unter dem Gesichtspunkt der Gefährdungshaftung und eine Trennung von den schuldlos rechtswidrigen Eingriffen befürwortet.

Am eingehendsten befaßt sich Forsthoff[70] mit der Gefährdungshaftung im öffentlichen Recht. Er betont, daß nicht immer ein Eingriff, worunter er ein bewußt und gewollt gegen ein fremdes Recht gerichtetes Verhalten versteht, den Schaden herbeiführe, sondern dieser vielfach einer durch hoheitliches Handeln entstandenen Gefahrenlage entspringe. An dem Begriff des Eingriffs als einer bewußten und gewollten Schädigung müsse um der Sachlogik von Aufopferungsanspruch und Enteignung willen festgehalten werden. Wenn von hoher Hand Gefahrenlagen geschaffen würden, denen sich der einzelne nicht entziehen könne, so sei es die Frage, ob solche Schäden abzugelten seien. Das Schweigen des Gesetzes könne nicht als Ablehnung eines Anspruchs gewertet werden[71]; die große Umgestaltung des Rechts der öffentlich-rechtlichen Entschädigung sei unter dem Schweigen des Gesetzes vor sich gegangen, und die Wandlung der Staatsfunktion und des Verhältnisses des einzelnen zum Staat erlaubten es nicht, an der überkommenden Lehre ohne Prüfung festzuhalten. Mit dem dauernden Zunehmen der Gefahrenlagen würden die Prinzipien des „casum sentit dominus“ und der Verschuldenshaftung immer ungeeigneter. Die Rechtsprechung zum bürgerlichen Recht trage dem seit langem dadurch Rechnung, daß sie durch Übersteigerung der Sorgfaltspflichten Fälle der Gefährdungshaftung unter das Dach der deliktischen Ansprüche bringe, und gelange auf Kosten einer klaren Begriffsbildung zu brauchbaren Ergebnissen. Auch die Verwaltung lasse vielfach erhöhte Gefahrenlagen entstehen, und eintretende Schäden könne weder der Betroffene abwehren noch die Verwaltung vermeiden; diese stehe aber dem Schaden näher als der Verletzte. Da die Tätigkeit der Verwaltung außerdem der Allgemeinheit zugute komme, sei es nur gerecht, wenn der Ersatz aus Mitteln der Allgemeinheit geleistet werde. Um nicht uferlosen Entschädigungsansprüchen den Weg zu ebnen, seien feste und kontrollierbare Grenzen erforderlich. Die Gefahrenlage müsse eine individuelle, außergewöhnliche und der Schaden die unmittelbare Folge der Gefahr sein.

---

[69] FORSTHOFF, Verwaltungsrecht, S. 315 ff.; SCHACK, Gutachten, S. 25; BACHOF, a. a. O., S. 117; KATZENSTEIN, MDR 52, S. 194.

[70] Verwaltungsrecht, S. 315 ff.

[71] A. A. STÖDTER, Entschädigung, S. 51.

Ein Unterschied zwischen Sach- und Körperschäden, rechtmäßigen und rechtswidrigen Handlungen, solle nicht gemacht werden.

Wenn man die Gefährdungshaftung als selbständiges Rechtsinstitut des öffentlichen Rechts anerkennen wolle, und das sei angesichts der gegebenen Verhältnisse geboten, so müsse man auf eine Abstützung durch Normen des positiven Rechts verzichten. Eine analoge Anwendung der §§ 74, 75 Einl. ALR scheitere am Mangel der Rechtsähnlichkeit. Mit der entsprechenden Anwendung dieser Vorschriften auf schuldlos rechtswidrige Schädigungen seien die Grenzen der Analogie erreicht. Wenn der Eingriff wegfalle, fehle die Voraussetzung für eine Analogie. Trotzdem werde die Gefährdungshaftung nicht unvermittelt in den rechtsleeren Raum gestellt, sondern es würden nur die allgemeinen Grundsätze des Entschädigungsrechts, wie sie zu Aufopferung und Enteignung entwickelt worden seien, zu Ende geführt. Vor allem würden Einsichten für das öffentliche Recht nutzbar gemacht, die für das bürgerliche Recht seit langem bestimmend seien, und zwar auf einem Gebiet, für das vom Rechtsbewußtsein im bürgerlichen wie im öffentlichen Recht die gleichen Grundsätze gefordert würden.

Forsthoffs Idee einer allgemeinen öffentlich-rechtlichen Gefährdungshaftung stimmt im Ergebnis mit dem Gedanken Otto Mayers überein. Auch er sieht zutreffend den von ihm richtig als bewußte und gewollte Schädigung verstandenen Eingriff als jedenfalls ursprünglich wesentliches Merkmal des Aufopferungsanspruchs an. Ob man allerdings auch heute noch daran festhalten muß, oder ob nicht vielmehr der Ausdehnung durch die Rechtsprechung Rechnung zu tragen ist, ist die Frage.

Forsthoff stellt die Gefährdungshaftung, wenn auch nicht in den rechtsleeren, so doch in einen normleeren Raum. Im bürgerlichen Recht kann keine Stütze für eine allgemeine Gefährdungshaftung gefunden werden, weil es eine solche dort nicht gibt. Die „Einsichten, die für das bürgerliche Recht seit langem bestimmend sind“, sind die in die Unzulänglichkeit des Verschuldensprinzips, die allein noch nichts Besseres zu schaffen vermögen. Die „Möglichkeit, auf Kosten klarer Begriffsbildung zu brauchbaren Ergebnissen zu kommen“, wie es im bürgerlichen Recht geschieht, besteht auch für das öffentliche Recht und wurde von ihm teils über § 839, teils über den Aufopferungsanspruch wahrgenommen.

Ob eine Eindämmung und Begrenzung der Ansprüche mit dem Begriff der individuellen und außergewöhnlichen Gefahr möglich ist, scheint zunächst zweifelhaft, weil dieser Begriff selbst nicht hinreichend eindeutig und objektiv begrenzt ist.

Auch Schack[72] widmet einer Trennung der öffentlich-rechtlichen Gefährdungshaftung von Fällen schuldlos rechtswidriger Schädigung seine besondere Aufmerksamkeit. Wenn auch beides unter dem Gedanken des Aufopferungsanspruchs vereint sei und in beiden der Gedanke der Ge-

---

[72] Gutachten, S. 25; JZ 56, 425.

rechtigkeit und Billigkeit obwalte, so bestehe doch ein wesentlicher Unterschied. Bei der Gefährdungshaftung fehle es an einem Tätigwerden unmittelbar gegenüber dem Geschädigten, das Opfer entstehe aus der rechtmäßig geschaffenen Gefahrenlage. Der allgemeine Rechtsgedanke, daß die Allgemeinheit einzustehen habe, wenn der einzelne zu einem Opfer für sie gezwungen werde, erweitere sich so zu dem Rechtsgedanken, daß die Allgemeinheit auch einzustehen habe, wenn der einzelne sich dem Opfer nicht entziehen könne. Auch hier gelte der den Aufopferungsanspruch tragende Satz: Einer für alle, alle für einen. Soweit in der Judikatur zum Aufopferungsanspruch also Fälle der Gefährdungshaftung enthalten seien, sei die Zuerkennung einer Entschädigung zu Recht erfolgt[73].

Schack sieht das Wesen des Aufopferungsanspruchs in einer bewußten und gewollten Schädigung, das der Gefährdungshaftung im Fehlen eines Tätigwerdens unmittelbar gegenüber dem Geschädigten. Diese Unterscheidung ist zu undifferenziert. Gerade bei den Impfschäden fehlt es an einer bewußten und gewollten Schädigung, andererseits ist ein „unmittelbares Tätigwerden gegenüber dem Geschädigten" durch die Impfung gegeben. Dieses unmittelbare Tätigwerden stellt indes nur die Schaffung einer Gefahrenlage dar. Bereits die Impfung selbst ist ein Eingriff in die körperliche Unversehrtheit, wobei noch nicht feststeht, ob dieser Eingriff zu einem Schaden führt. Das Schaffen der Schadensursache stellt also einen Eingriff dar, geschieht jedoch ohne Schädigungsabsicht. Demgegenüber sind auch bewußte und gewollte Schädigungen denkbar, bei denen die Verursachung nicht durch einen Eingriff i. S. einer unmittelbaren Einwirkung geschieht (z. B. Änderung des Straßenniveaus, wodurch dem Anlieger die Zufahrt erschwert wird).

Zu unterscheiden sind demnach:

1. Bewußte und gewollte Schädigung (mit oder ohne vorausgehenden verursachenden besonderen Eingriff),
2. Schaffung einer Gefahrenlage durch Eingriff ohne Schädigungswillen und -bewußtsein,
3. Schaffung einer Gefahrenlage ohne Eingriff und ohne Schädigungswillen und -bewußtsein.

Ziffer 1 würde danach einen Aufopferungsanspruch begründen, Ziffer 2 und 3 würden zur Gefährdungshaftung gehören.

Auch Schäden, die aus einer Gefahrenlage entstehen, müssen vom Betroffenen aus gesehen als „erzwungen" und „auferlegt" gelten, und auf ihn ist der Blick entscheidend zu richten, weil es sich um den Ausgleich eines Sonderopfers handelt. Nicht ob der Staat bewußt zwingt oder mit Schädigungsabsicht handelt, ist maßgebend, sondern ob der Betroffene dem Schaden ausweichen kann. Wenn er das nicht kann, wird er zur Hinnahme des Schadens gezwungen.

---

[73] SCHACK, Gutachten, S. 26; JZ 56, 429; NJW 57, 652.

Bachof[74] will die Gefährdungshaftung von der Haftung für schuldlos rechtswidrige Handlungen trennen, aber weniger, weil es bei der Gefährdungshaftung an einem Eingriff fehle, als weil die gefährdende Handlung nicht rechtswidrig zu sein brauche, es aber sein könne. Er findet indes keine Begründung für eine Gefährdungshaftung des Staates und meint, die rechtmäßigen Schäden wolle der Staat herbeiführen, die rechtswidrigen dagegen nicht; letztere verursache in erster Linie die fehlgreifende Amtsperson, und es sei Sache des positiven Rechts zu bestimmen, unter welchen Voraussetzungen und in welchem Umfange der Staat sich das Verhalten dieser Personen zurechnen lassen müsse[75]. Die Rechtswidrigkeit ist nach Bachofs eigener Darstellung kein besonders glückliches Merkmal, wenn die gefährdende Handlung sowohl rechtmäßig als auch rechtswidrig sein kann. Auch die Zuordnung der rechtmäßigen Schädigung zum Staat selbst und die der rechtswidrigen zu der einzelnen Amtsperson führt nicht weiter. Darin kommt praktisch die bekämpfte Ansicht zum Vorschein, der Staat könne kein Unrecht tun. Es ist durchaus denkbar, daß auch der Staat eine rechtswidrige Handlung vornehmen will und vornimmt; im übrigen handelt der Staat stets durch irgendwelche Amtspersonen, auch wenn er rechtmäßig einen Schaden zufügt.

Wenn Bachof keine Begründung für eine Gefährdungshaftung des Staates findet, so ist das nur natürlich, sofern damit eine konkrete Anspruchsgrundlage und eine allgemeine öffentlich-rechtliche Gefährdungshaftung gemeint sind.

Reinhardt[76] begründet eine Gefährdungshaftung für das öffentliche Recht ähnlich wie Esser für das Privatrecht aus einer gerechten Zuordnung von Unkosten und Nutzungen.

Diese Begründung rückt den Entschädigungsanspruch zu sehr in die Nähe eines Bereicherungsanspruchs. Der Gesichtspunkt der Vorteilserlangung kann allenfalls bei der Beantwortung der Frage, *wer* ersatzpflichtig ist, berücksichtigt werden, nicht dagegen bei der Frage, *ob* eine Ersatzpflicht besteht.

Meisner—Stern—Hodes[77] halten die Ansicht des Reichsgerichts, der Aufopferungsanspruch ersetze die im Einzelfall ausgeschlossene Abwehrklage, für zu eng. Sie stellen eine Annäherung der Rechtsprechung an die Gefährdungshaftung fest, indem die in verschiedenen Gesetzen enthaltenen Bestimmungen über eine Schadensersatzpflicht ohne Verschulden auf ein gemeinsames höheres und damit allgemeingültiges Prinzip zurückgeführt werden. Dieses allgemeine Prinzip sei das der Gefährdung. Sie weisen darauf hin[78], daß es sich in den Fällen des von der Rechtsprechung

---

[74] Vornahmeklage, S. 117, Anm. 10a.

[75] So auch STÖDTER, Entschädigung, S. 51 a. E.

[76] Gutachten, S. 276ff.

[77] a. a. O., S. 628.

[78] a. a. O., S. 633 mit umfangreichen Nachweisen.

zugebilligten Aufopferungsanspruchs zwar um unabwendbare Ereignisse, um Unglücksfälle, gehandelt habe, aber doch nicht um reine Zufälle, sondern die Schäden seien als Auswirkungen der mit dem Betrieb verbundenen, diesem eigentümlichen Gefahren zu erachten. Damit seien die Merkmale der Gefährdungshaftung bloßgelegt.

Meisner—Stern—Hodes versuchen, aus der Kasuistik der Rechtsprechung den Grundsatz einer allgemeinen Gefährdungshaftung zu abstrahieren, und es ist auch richtig, daß es sich bei vielen Schäden um typische Folgen eines gefährlichen Verhaltens handelte, aber sie übersehen, daß eine Entschädigung stets aus dem Gesichtspunkt der Aufopferung zugesprochen wurde und nicht etwa auf Grund einer Gefährdungshaftung. Das Reichsgericht sah im Aufopferungsgedanken das allgemeine, einen Ausgleich gebietende Prinzip.

Katzenstein[79] meint, der Grundsatz des § 75 Einl. ALR könne bei rechtswidrigen Schäden nur dort einen Ersatzanspruch begründen, wo eine Opferlage gegeben sei, d. h. wo der Staat mit der Zweckrichtung handele, im Gemeininteresse den einzelnen außerordentlich zu belasten. Es sei verfehlt, diese Grundsätze auch da anzuwenden, wo nicht bewußt ein Opfer verlangt werde, sondern wo ohne Interessenkollision unverschuldet aus staatlichem Handeln dem einzelnen zufällig ein Schaden entstehe. Eine öffentlich-rechtliche Gefährdungshaftung lehnt er ab.

Dieser Meinung kann grundsätzlich zugestimmt werden, und von diesem Standpunkt aus geschieht die Ablehnung einer allgemeinen Gefährdungshaftung zu Recht. Es ist jedoch die Frage, ob nicht die Formulierung Katzensteins doch die Anerkennung einer Gefährdungshaftung wenigstens für eine Reihe von Fällen, freilich unter dem Gesichtspunkt des Aufopferungsanspruchs, zuläßt. Ausgangspunkt sind die Begriffe der Opferlage und der Interessenkollision. Diese sind zunächst dann gegeben, wenn das Rechtsgut des einzelnen dem Gemeinwohl im Wege steht oder von der Gemeinschaft benötigt wird. Das Gemeinwohl wird dann dadurch gefördert, daß mit der Zweckrichtung gehandelt wird, den einzelnen außerordentlich zu belasten, d. h. das Rechtsgut wird entweder vernichtet (Abbruch eines an unübersichtlicher Stelle stehenden Gebäudes) oder entzogen und der Gemeinschaft überlassen (Grundstücksenteignung für Wegeverbreiterung).

Eine Interessenkollision kann jedoch auch in der Form bestehen, daß nicht der Entzug eines bestimmten Rechts zum Wohle der Allgemeinheit erforderlich ist, sondern lediglich die Gefährdung eines solchen Rechts. Sofern es sich um eine individuelle Gefährdung im Einzelfall handelt, kann diese ohne weiteres als Sonderopfer angesehen werden; eine Ausgleichspflicht tritt allerdings erst mit dem Schaden ein. Zweifel bestehen in den Fällen, in denen die Gefährdung nicht einen einzelnen, sondern

[79] a. a. O., S. 194, Anm. 5.

alle Bürger oder eine große Gruppe von ihnen betrifft. Ein *Opfer* liegt auch in diesem Fall für jeden einzelnen vor, aber kein *Sonder*opfer. *Da* eine Ausgleichspflicht erst mit der Konkretisierung der Gefahr im Schaden eintritt, muß dieser in die Betrachtung einbezogen werden. Durch den Schaden wird das zunächst alle gleichmäßig belastende Opfer — die Gefährdung — für einzelne, nämlich die Geschädigten, zu einem Sonderopfer.

In einer kurzen Formel könnten beide Institute folgendermaßen unterschieden werden: Beim eigentlichen Aufopferungsfall *schädigt* der Staat gezielt, bei der Gefährdungshaftung *gefährdet* er lediglich gezielt, und es entsteht dann ein Schaden aus der Gefährdung[80].

3. Stellungnahme zur öffentlich-rechtlichen Gefährdungshaftung vorbehaltlich der unter C folgenden vergleichenden Betrachtungen

Ob der Gesetzgeber sich irgendwann zur Normierung einer allgemeinen Gefährdungshaftung des Staates entschließen oder ob die Rechtsprechung eine solche praeter legem entwickeln wird, kann nicht abgesehen werden. Wenn durch die Anerkennung einer öffentlich-rechtlichen Gefährdungshaftung keine neuen Ansprüche geschaffen, sondern nur anerkannte Haftungstatbestände besser eingeordnet werden sollen[81], so tauchen ernsthafte Zweifel auf, ob dieses Ziel auch tatsächlich erreicht wird und ob eine Erreichung überhaupt möglich ist. Irgendwie kehrt man doch stets zu § 75 Einl. ALR zurück, sei es, daß man die Gefährdungshaftung direkt als vom Aufopferungsanspruch erfaßt ansieht[82], sei es, daß man im Ertragenmüssen einer Gefährdung ein auferlegtes Sonderopfer sieht[83], sei es, daß man die Gefährdungshaftung als Endpunkt der zu Aufopferung und Enteignung entwickelten Grundsätze darstellt[84].

Eine *begriffliche* Trennung von Aufopferung im engeren Sinne (Eingriffsschäden) und Gefährdungshaftung (Unglücksschäden) erscheint möglich und gerechtfertigt. Die Notwendigkeit und Zweckmäßigkeit einer solchen Unterscheidung für die *Rechtsanwendung* ist dagegen fraglich.

4. Zusammenfassung

Da die normierten Haftungsgrundlagen stets mehr oder weniger umfassende Einzelbestände regeln, bei wörtlicher Interpretation nicht lückenlos ineinander greifen und einen Teil der abgeltungsbedürftigen Schadensfälle nicht direkt erfassen, wurde der Aufopferungsanspruch als

---

[80] vgl. dazu auch die Ausführungen unter C., S. 31 ff.

[81] Schack, JR 58, 208; Rinck, a. a. O., S. 13.

[82] Schack, JR 58, 208.

[83] Rinck, a. a. O., S. 14.

[84] Forsthoff, a. a. O., S. 319.

allgemeiner Auffangtatbestand benutzt. Die Befürworter einer öffentlich-rechtlichen Gefährdungshaftung wollen diesen weiten Anwendungsbereich eindämmen und den Aufopferungsanspruch auf sogenannte Eingriffschäden, d. h. bewußte und gewollte Schädigungen beschränken. Die öffentlich-rechtliche Gefährdungshaftung als selbständiges Rechtsinstitut soll die Schadensfälle erfassen, die aus einer von hoher Hand gezielt geschaffenen Gefahrenlage entstehen und für den Betroffenen ein besonderes, außergewöhnliches Opfer darstellen, die aber nicht bewußt und gewollt herbeigeführt worden sind. Wie die Empfehlungsfälle zeigen, braucht die „Gefahr" als solche nicht bewußt geschaffen zu sein; es genügt vielmehr, daß das, was sich später als gefährlich herausstellt, bewußt veranlaßt worden ist[85]. Durch den Aufopferungsanspruch im engeren Sinne sollen erzwungene Sonderopfer ausgeglichen werden, und die sogenannte Gefährdungshaftung soll besondere Schäden erfassen, denen sich der einzelne praktisch nicht entziehen konnte.

C. Der Vergleich der Institute

1. Übersicht

Aufopferungsanspruch im engeren Sinne und sogenannte Gefährdungshaftung sind eng miteinander verwandt; in der Literatur werden beide vielfach zusammen behandelt. So sieht Wilburg ein Haftungselement in der „Inanspruchnahme fremder Rechte durch Eingriff *oder* Gefährdung", wobei der Eingriff für ihn nur den höchsten Grad der Gefährdung darstellt[86].

Esser[87] läßt den Verschuldensgrundsatz dort einer Garantiehaftung weichen, „wo typische Betriebsgefahren oder die Folgen privilegierter Eingriffe" gerecht verteilt und abgegrenzt werden müssen. Bei dieser Gefährdungs- oder Eingriffshaftung handele es sich um Haftung für „sozial unentrinnbare Zwangsrisiken".

Der Schadenszurechnungsgrund, auf dem die Gefährdungshaftung beruht, nämlich daß man für Sonderrechte, die man genießt, durch Übernahme der hierbei entstehenden Schäden aufzukommen hat[88], bildet auch die Grundlage des Aufopferungsanspruchs.

---

[85] vgl. dazu die Ausführungen unter C., S. 31 ff.

[86] Wilburg, Elemente des Schadensrechts, dazu Reinhardt, AcP 148, 151 und Gutachten, S. 271 ff.

[87] Esser, Schuldrecht, S. 222.

[88] Esser, Gefährdungshaftung, S. 97.

Hubmann[89] sieht eine Beziehung zwischen beiden Ansprüchen darin, daß sie weitgehend auf dem Prinzip der Vorteilsausgleichung beruhen. Dabei meint er sicher nicht die technische Vorteilsausgleichung im Schadensersatzrecht, die mit dem Schaden zugleich erlangte adäquate Vorteile des Geschädigten als schadensmindernd berücksichtigt[90], sondern das Prinzip der Gerechtigkeit, nach dem derjenige die Schäden zu tragen hat, dem die Vorteile aus der schädigenden Handlung zufallen. An anderer Stelle[91] spricht er davon, daß im öffentlichen Recht das Erfordernis des Eingriffs mehr und mehr aufgegeben und der Aufopferungsanspruch zu einer allgemeinen Gefährdungshaftung des Staates ausgeweitet werde. Hubmann hält demnach die Gefährdungshaftung für die umfassendere Haftungsform gegenüber dem Aufopferungsanspruch.

Forsthoff[92] sieht in der Anerkennung einer Gefährdungshaftung als selbständiges Rechtsinstitut nur die allgemeinen Grundsätze des Entschädigungsrechts, die zu Aufopferung und Enteignung entwickelt worden sind, zu Ende geführt.

Nach Katzenstein[93] liegt die Vergleichbarkeit beider Ansprüche in der Interessenabwägung, die bewußt ein Opfer verlange, das bei der Enteignung die Aufgabe eines Rechts und bei der Gefährdungshaftung das Hinnehmenmüssen einer Gefährdung sei.

Im folgenden sollen nun Aufopferungsanspruch im engeren Sinne und sogenannte Gefährdungshaftung auf Unterscheidungsmerkmale untersucht werden. Der Anschaulichkeit mag eine Zusammenstellung der bei einem Schadenseintritt möglicherweise zusammenwirkenden Einzelumstände dienen, deren Vollständigkeit angestrebt wurde, wenn auch nicht alle Punkte in der Erörterung aufgegriffen werden.

Voraussetzung eines Ersatzanspruchs ist stets ein Schaden, der durch ein hoheitliches Verhalten verursacht ist.

I. Das verursachende Verhalten kann
   1. als Eingriff in ein fremdes Recht den Schaden unmittelbar herbeiführen (Beschlagnahme, Entziehung eines Rechts oder Rechtsgutes),
   2. einen Eingriff, d. h. eine unmittelbare Einwirkung darstellen, die jedoch ihrem Wesen und Ziel nach nicht notwendig zu einer Schädigung führt, sondern aus der der Schaden nur in Einzelfällen, gleichsam „zufällig" entsteht (Impfung),
   3. eine neutrale Handlung sein, die fremde Rechte nicht unmittelbar berührt (gefährlicher Betrieb; Straßenniveauerhöhung, die die Zufahrt erschwert).

---

[89] Hubmann, a. a. O., S. 492, Ziff. VI.

[90] so versteht Mühl (NJW 1960, 1135) Hubmann und wendet sich mit Recht dagegen.

[91] a. a. O., S. 489.

[92] Verwaltungsrecht, S. 319.

[93] MDR 1952, 195, Ziff. 4.

II. Die subjektive Einstellung des Schädigers hängt davon ab, ob sich sein Interesse überwiegend auf den schädlichen Erfolg oder auf die Handlung bezieht.
Der Schaden kann
1. bewußt und gewollt herbeigeführt sein, und zwar
a) absichtlich, wenn die Schädigung das Ziel der Handlung war (Entziehung eines Rechts),
b) mit direktem Vorsatz, wenn der Schaden die — erwünschte oder unerwünschte — naturnotwendige Folge der Handlung war und vom Handelnden als solche erkannt wurde (Lärm bei Eisenbahnbetrieb),
2. nicht bewußt und gewollt herbeigeführt und
a) als möglich vorausgesehen und billigend[94] in Kauf genommen sein (Eventualvorsatz), (Manöverschäden),
b) als möglich vorausgesehen aber nicht billigend in Kauf genommen sein (Impfschäden),
c) nicht als möglich vorausgesehen sein, weil
aa) gehörige Überlegungen nicht angestellt worden sind,
bb) ein Voraussehen schlechthin unmöglich war.

III. Der Schaden kann
1. die naturnotwendige Folge der verursachenden Handlung sein (Lärm bei Eisenbahnbetrieb),
2. eine nur mehr oder weniger wahrscheinliche, aber typische (Impfschäden; Brand durch Funkenflug),
3. eine nicht wahrscheinliche zufällige (Eisenbahnunglück durch Blitzschlag).

IV. Die naturnotwendigen Schäden sind stets unvermeidbar, die nicht naturnotwendigen können im Einzelfall praktisch unvermeidbar sein.

V. Die Frage der Rechtswidrigkeit wird für das verursachende Verhalten und den entstandenen Schaden getrennt zu erörtern sein.

2. Der Eingriff als Unterscheidungsmerkmal

a) Bewußte, gewollte und unbewußte, nicht gewollte Schädigungen

Ein wissentlich und willentlich gegen ein fremdes Rechtsgut gerichtetes Handeln, ein Eingriff im engeren Sinne wird vielfach als wesentliches Merkmal des Aufopferungsanspruchs im Gegensatz zur Gefährdungshaftung angesehen[95]. Forsthoffs Theorie der öffentlich-rechtlichen Gefährdungshaftung beruht gerade auf diesem Unterschied und wird durch ihn

[94] siehe zu 2 a unten S. 35.
[95] HUBMANN, a. a. O., S. 492.

erst notwendig. Katzenstein[96] sieht als wesentliches Merkmal des Aufopferungsanspruchs ein „staatliches Handeln mit der Zweckrichtung, den einzelnen im Gemeininteresse außerordentlich zu belasten", an und stellt den Fall gegenüber, daß kein Opfer verlangt wird, sondern der Betroffene lediglich „zufällig" einen Schaden erleidet.

Zwischen der absichtlich herbeigeführten Schädigung auf der einen und dem zufälligen Schaden auf der anderen Seite gibt es viele Abstufungen, und für den Eingriff muß irgendeine Grenze gefunden werden.

Hubmann[97] nimmt einen Eingriff und damit einen Aufopferungsanspruch bei einer „Zweckverfolgung unter bewußter oder in Kauf genommener, also vorsätzlicher Verletzung eines fremden Rechtsguts" an.

Für die Gefährdungshaftung blieben danach die Fälle unbewußter, nicht in Kauf genommener Schädigungen übrig.

Fischer[98] sieht die Tatbestände der sogenannten Gefährdungshaftung als dadurch gekennzeichnet an, daß im Zusammenhang mit einer besonders gefährlichen Tätigkeit des Staates ein Schaden zugefügt oder zugemutet wird, der bei der Vornahme der in Frage stehenden Maßnahme vom handelnden Staatsorgan nicht unmittelbar gewollt, aber im Rahmen der generell gefährlichen Betätigung als möglich angesehen und insofern in Kauf genommen wird. Denselben Gedanken spricht er an anderer Stelle[99] noch prägnanter aus, wenn er sagt, der Staat sehe sich in diesen Fällen genötigt, zum Wohl der Allgemeinheit eine bestimmte Tätigkeit zu entfalten, die ihrer Art nach Gefahren für einzelne Personen in sich schließe. Das Interesse der Allgemeinheit an dieser Tätigkeit sei so groß, daß diese Gefahren für den einzelnen in Kauf genommen würden, also auch die Konkretisierung der Gefahr. Es werde mit anderen Worten damit gerechnet, daß der einzelne aus Gründen des öffentlichen Wohls mit einem Sonderopfer belastet werde, und es werde nicht nur damit gerechnet, sondern die Gefahr werde auch bewußt in Kauf genommen. Die staatliche Tätigkeit schließe in ihrer Ziel- und Zweckrichtung aus Gründen des öffentlichen Wohls bewußt von vornherein die Möglichkeit eines Sonderopfers ein.

Fischer nimmt also beim Aufopferungsanspruch eine Schädigung mit direktem Vorsatz und bei der Gefährdungshaftung eine solche mit Eventualvorsatz an und sagt das auch ausdrücklich[100].

Wenn bei der Gefährdungshaftung stets eine in Kauf genommene, mit dolus eventualis, also vorsätzlich herbeigeführte Schädigung gegeben wäre, so müßte die Gefährdungshaftung nach der Unterscheidung Hubmanns den Aufopferungsansprüchen zugeordnet werden. Um zu einer

---

96 a. a. O., S. 194.
97 a. a. O., S. 493.
98 Referat, S. 56 ff.
99 a. a. O., S. C 61.
100 a. a. O., S. C 61, Anm. 65.

brauchbaren Abgrenzung zu kommen, bedarf es einer Klärung des Begriffs des „Inkaufnehmens" von Schäden.

Fischer geht zutreffend von dem Gedanken aus, daß der, der einen Schaden als mögliche Folge einer bestimmten Handlung voraussieht und trotzdem handelt, diesen Schaden auch in Kauf nimmt. In der Vornahme der Handlung liegt zugleich die Entscheidung für die eventuelle Schädigung, denn der Handelnde weiß genau, daß er die Schädigung mit Sicherheit nur durch Unterlassen der gefährlichen Handlung verhindern kann, wählt diesen Weg aber nicht, sondern handelt auf die Gefahr hin, daß der Schaden eintritt. Das Interesse an der Handlung überwindet die Furcht vor der möglichen Schädigung.

Den in Kauf genommenen Schäden kann der Schädiger verschieden gegenüberstehen, nämlich billigend und ablehnend. Eine Billigung liegt vor bei einem Handeln auf jeden Fall, „mag der Schaden ruhig eintreten", eine Ablehnung dagegen bei einem Handeln in der Hoffnung, ein Schaden werde nicht eintreten. Die Ermittlung dieser inneren Einstellung ist schwierig. Maßgebend für die Beurteilung ist, ob die gefährliche Handlung auch bei vorherigem Wissen vom Eintritt von Schäden vorgenommen oder ob sie dann unterlassen worden wäre. Dabei sind wiederum das Wissen um Schäden generell und die Kenntnis vom Einzelschaden zu trennen.

Bei lediglich genereller Kenntnis von Schäden würde die Impfaktion durchgeführt, der Fabrikant würde sein Unternehmen weiter betreiben und der Autofahrer würde sich weiter hinters Steuer setzen. Es ist die — meines Erachtens zu bejahende — Frage, ob nicht die statistische „an Sicherheit grenzende Wahrscheinlichkeit", die zum Beispiel bei den Impfschäden gegeben ist, wenn der Kreis der Beteiligten groß genug gezogen wird, der Kenntnis gleichgesetzt werden kann. Bei Kenntnis vom Eintritt eines Schadens im Einzelfall könnte dieser in der Regel vermieden werden, zum Beispiel ein Impfschaden, indem das gefährdete Kind nicht geimpft und im übrigen die Impfaktion fortgeführt wird. In diesem Fall braucht auf die Verfolgung der Interessen der Allgemeinheit auch bei Vermeidung des Schadens nicht verzichtet zu werden. Das ist nur möglich, wenn — wie bei der Impfung — die Interessenverfolgung für eine Vielzahl von Bürgern voneinander unabhängige Individualgefahren schafft und nicht jede einzelne Gefährdungshandlung zur Wahrung der Allgemeininteressen erforderlich ist.

Gebilligt werden irgendwelche Schädigungen als Folge der Impfung nicht. Der Eingriff, der Erfordernis des Aufopferungsanspruchs sein soll[101], kann auf diese Schäden nicht ausgedehnt werden, weil damit die Fälle der Gefährdungshaftung mit erfaßt werden würden. Sowohl Hubmann, der die in Kauf genommenen Schäden dem Aufopferungsanspruch zu-

[101] vgl. dazu S. 38.

rechnen will, als auch Fischer, der sie der Gefährdungshaftung zuordnet, haben Recht. Eine einen Aufopferungsanspruch im engeren Sinne begründende „vorsätzliche" Verletzung fremder Rechte ist bei *billigender* Inkaufnahme eines Schadens ohne innere Ablehnung gegeben; zur sogenannten Gefährdungshaftung dagegen gehören die mit innerer Ablehnung in Kauf genommenen, also *nicht gebilligten* Schädigungen. Bis zur erstgenannten Grenze kann der Eingriff vertretbarerweise ausgedehnt werden, weil insoweit noch von einer vorsätzlichen Schädigung gesprochen werden kann; andererseits ist die „bedauernde", innerlich abgelehnte Inkaufnahme von Schäden kennzeichnend für die sogenannte Gefährdungshaftung.

Soweit ein Schaden nicht als möglich vorausgesehen wurde, sei es, daß man sich keine Gedanken gemacht hat, sei es, daß er nicht voraussehbar war, kann nicht von einer vorsätzlichen Schädigung und damit von einem Eingriff im engeren Sinn gesprochen werden.

b) Naturnotwendige Schäden

Auf die Naturnotwendigkeit von Schäden als Folge eines bestimmten Verhaltens ist hier einzugehen, weil es der Kennzeichnung des „Eingriffs" als einer vorsätzlichen Schädigung dient.

Sofern der Eintritt eines Schadens die naturnotwendige Folge eines Verhaltens ist und vom Handelnden als solche erkannt wird, kann dieser sich nicht darauf berufen, er habe die Schädigung nicht gewollt. Wer einen Gegenstand aus dem Fenster wirft, „will" auch, daß er auf dem Boden aufschlägt, und wer eine Eisenbahn mit Dampf-Lokomotiven betreibt, will auch die damit naturnotwendig verbundenen Beeinträchtigungen der Anlieger durch Lärm und Rauch. In diesen Fällen ist eine *vorsätzliche* Schädigung gegeben; sie sind daher dem Aufopferungsanspruch zuzurechnen.

Fraglich ist die Einordnung von Schäden, die zwar die naturnotwendige Folge eines Verhaltens sind, aber vom Handelnden *nicht* als solche oder als wenigstens möglicherweise eintretend erkannt wurden.

Ein Boot ist im Hafen inmitten von Tankschiffen und Treibstofflagern in Brand geraten, und es wird in aller Eile versenkt, um ein Übergreifen des Feuers zu verhindern; niemand denkt daran, daß noch ein Matrose betrunken in seiner Kajüte liegt.

In einem Bergwerk wird ein brennender Stollen, in dem sich, was niemand weiß, zufällig ein Bergmann befand, zugemauert, um das Feuer einzudämmen und dadurch vielen anderen das Leben zu retten.

Diese Schäden können nicht der Gefährdungshaftung zugerechnet werden, weil keine bloße Gefahr vorlag, d. h. der Eintritt eines Schadens objektiv ungewiß war, sondern der Schaden mit Sicherheit eintreten mußte; von einer Gefahr kann aber nur gesprochen werden, wenn der Eintritt des Schadens objektiv ungewiß ist[102].

Diese Schadensfälle sind dem Aufopferungsanspruch im engeren Sinne zuzurechnen, der damit die vorsätzlichen Schädigungen *und die Fälle umfaßt,* in denen der Schaden die naturnotwendige Folge einer bestimmten Handlung ist, auch wenn der Handelnde das nicht erkannt hat.

Den naturnotwendigen Schäden stehen die nicht notwendigen gegenüber. Aus der bedauerlichen Erfahrungstatsache, daß allgemein auf einem bestimmten Sektor mit an Sicherheit grenzender Wahrscheinlichkeit Schäden eintreten werden, etwa in Bergwerken, Industriebetrieben oder im Straßenverkehr, darf nicht geschlossen werden, diese Schäden seien naturnotwendig; denkbar sind die Betriebe und der Straßenverkehr auch ohne Schäden im allgemeinen und erst recht ohne den Schaden im Einzelfall.

c) Unvermeidbare Schäden

Von der Naturnotwendigkeit der Schäden losgelöst ist die praktisch verstandene Unvermeidbarkeit zu beurteilen[103].

Ein vermeidbarer Schaden ist stets auch ein nicht notwendiger; es liegt oft Verschulden beim Schädiger bzw. ein sogenanntes Organisationsverschulden vor, wenn kein Verantwortlicher bestellt war. Umgekehrt sind naturnotwendige Schäden bei Vornahme der betreffenden Handlung auch stets unvermeidbar. Daneben gibt es aber viele Schäden, die zwar nicht notwendig, aber trotzdem praktisch unvermeidbar sind. Das Charakteristische des gefährlichen Betriebs ist gerade, daß unvorhersehbare, überraschende Schäden eintreten, die unvermeidbar sind oder jedenfalls als unvermeidbar gelten müssen, die aber für die Verfolgung der Interessen des Betriebs nicht notwendig sind. Wie sollen Kurzschlüsse in einer elektrischen Leitung oder Unfälle durch Materialverschleiß und versteckte Materialfehler praktisch vermieden werden? Es ist unmöglich, alle Unfälle auszuschließen, und das wird auch nicht verlangt. Solche Schäden sind im Einzelfall nicht naturnotwendig mit dem Betrieb verbunden, aber sie sind unvermeidbar. Theoretisch mögen diese Schäden vermeidbar sein, praktisch jedoch sind sie es nicht, und das ist entscheidend, mag auch nach dem Eintritt eines Schadens vielfach erkennbar sein, wie er hätte verhindert werden können, z. B. durch Verstärkung der überlasteten Leitung oder Auswechselung des defekten Materialstücks.

---

[102] Die Unterscheidung zwischen naturnotwendigen und bloß möglichen Schäden kann im Einzelfall schwierig sein, wenn man bedenkt, daß etwa eine Impfung bei entsprechender physischer Veranlagung des Impflings u. U. „naturnotwendig" zu Schädigungen führen kann, und daß schließlich jeder Schaden sich naturgesetzlich aus den gegebenen Voraussetzungen und damit in gewisser Weise „naturnotwendig" ereignet.

[103] Anders Hubmann, a. a. O., S. 493, der notwendig und unvermeidbar gleichsetzt.

Eine Abgrenzung zwischen gewollten und nicht gewollten, naturnotwendigen und praktisch unvermeidbaren Schäden läßt sich nicht so scharf vornehmen, wie es zunächst den Anschein haben kann.

d) Beispiel

Wenn z. B. ein hoher Fabrikschornstein gesprengt wird, der ringsum von fremden Grundstücken umgeben ist, so müssen die Trümmer naturnotwendig auf irgendwelche Grundstücke fallen, und zwar fallen sie auf die nächstliegenden Grundstücke am wahrscheinlichsten, auf die weiter entfernten weniger wahrscheinlich. Hinsichtlich jedes einzelnen Grundstücks ist ein Schaden nicht naturnotwendig, denn es ist denkbar, daß gerade dieses oder jenes verschont bleibt. Stets ist dagegen der eintretende Schaden unvermeidbar. In diesem Fall kann es zweifelhaft sein, ob eine bewußte oder gewollte, eine billigend in Kauf genommene Schädigung vorliegt oder ein Fall der Gefährdungshaftung. Der Unterschied zu den gefährlichen Betrieben liegt darin, daß Schäden schlechthin naturnotwendig sind und auch als solche bei Vornahme einer gefährlichen Handlung erkannt wurden, es war nur nicht erkennbar, welche Eigentümer im Einzelfall betroffen werden würden. Dieser Unterschied rechtfertigt es, im Schornsteinfall einen Aufopferungsanspruch im engeren Sinne anzunehmen.

Ein Eingriff muß sich demnach nicht von Anfang an gegen ein ganz bestimmtes Rechtsgut richten, sondern es reicht aus, daß beispielsweise eine Vielzahl von Eigentümern zunächst nur gefährdet ist, aber Schäden zwangsläufig eintreten.

e) Die Unterscheidung von Eingriff und Schädigung

Schließlich muß ein „Eingriff" in ein fremdes Rechtsgut allein noch nicht stets zu einem Schaden führen. Voraussetzung des Aufopferungsanspruchs soll ein Eingriff im Sinne einer „bewußten und gewollten, also vorsätzlichen" Schädigung sein. Es sind aber auch Eingriffe denkbar, die nicht zu einer vorsätzlichen Schädigung führen. Zu unterscheiden sind die verursachende Handlung, die subjektive Einstellung des Handelnden und der eintretende Schaden.

Ein Eingriff kann auch in einer bloßen Rechtsverletzung, einem Einwirken auf fremde Rechte liegen, ohne daß zugleich ein Schaden entsteht (z. B. Betreten fremden Grundstücks, Reklameprojektion auf Giebelwand, die der Eigentümer nicht genutzt hätte). Von einer Schädigung kann in einem solchen Falle nicht gesprochen werden, wenn gar kein Schaden entsteht. In der Regel findet beim Aufopferungsanspruch eine unmittelbare Einwirkung auf ein fremdes Recht statt, und der Schaden entsteht durch die Einwirkung und zugleich mit ihr in einem Akt, während bei der Gefährdungshaftung die Gefahrenlage durch eine fremde Rechte nicht unmittelbar berührende Handlung geschaffen wird (so die gefährlichen Betriebe) oder doch noch nicht unmittelbar zu einer Schädigung aus der Rechtsverletzung führt.

In beiden Arten sind aber auch Abweichungen von der Regel denkbar: Die verursachende Handlung braucht fremde Rechte nicht unmittelbar zu beeinträchtigen und kann trotzdem Grundlage eines Aufopferungsanspruchs sein, wenn eine Schädigung gewollt ist, billigend in Kauf genommen wird oder die naturnotwendig eintretende Folge ist (Straßenniveauerhöhung). Umgekehrt kann ein Fall der sogenannten Gefährdungshaftung anzunehmen sein, obwohl die verursachende Handlung eine unmittelbare Einwirkung auf ein fremdes Recht darstellt, aber lediglich eine Gefahrenlage schafft und Schäden weder beabsichtigt noch billigend in Kauf genommen noch naturnotwendig sind (Impfung).

Maßgebend ist für die Unterscheidung also nicht allein die Art der Verursachung, ob durch eine unmittelbare Einwirkung auf fremde Rechte oder durch eine neutrale Handlung die causa für den Schadenseintritt geschaffen worden ist, sondern auch die subjektive Einstellung des Handelnden und die Naturnotwendigkeit des Schadenseintritts.

Ein Aufopferungsanspruch im engeren Sinne ist anzunehmen bei

1. bewußter und gewollter Schädigung,
2. billigender Inkaufnahme eines Schadens,
3. Schäden, die die naturnotwendige Folge eines bestimmten gewollten Verhaltens sind, ohne Rücksicht darauf, ob sie als solche erkannt worden sind oder nicht.

Die sogenannte Gefährdungshaftung erfaßt die Fälle, in denen der Schaden weder gewollt noch billigend in Kauf genommen wird und die zwar nicht naturnotwendige, aber praktisch unvermeidbare und typische Folge eines gewollten Verhaltens ist.

3. Die Rechtswidrigkeit als Unterscheidungsmerkmal

Neben dem Eingriff wird als weiteres Unterscheidungsmerkmal zwischen Aufopferungsanspruch und Gefährdungshaftung die Rechtswidrigkeit angeführt[104]; der Aufopferungsanspruch soll im Gegensatz zur Gefährdungshaftung eine rechtmäßige Verletzung fremder Rechtsgüter voraussetzen.

Die Unterscheidungskraft dieses Merkmals muß von vornherein zweifelhaft erscheinen, weil einerseits der Aufopferungsanspruch nicht auf rechtmäßige Schädigungen beschränkt ist, sondern einen Ausgleich auch bei rechtswidrigen Verletzungen gewährt, andererseits neuerdings die der Gefährdungshaftung zugrunde liegenden Rechtsverletzungen vielfach als rechtmäßig bezeichnet werden. Diese Meinung ist vor allem in der viel

[104] Hubmann, a. a. O., S. 492 f.

diskutierten BGH-Entscheidung zu § 831[105] erkennbar, in der die Gefährdungshaftung nicht als eine Haftung für Unrecht, sondern als eine den Beherrscher eines Gefahrenbereichs treffende Pflicht, für gewisse typische Gefährdungsfolgen seines Betriebes einzustehen, angesehen wird.

In der neueren Literatur wird allgemein eine Trennung der sogenannten Gefährdungshaftung von den rechtswidrig schuldlosen Schädigungen befürwortet[106], „weniger weil es am Eingriff fehlt, sondern weil die gefährdende Handlung selbst rechtswidrig sein kann, es aber keineswegs zu sein braucht[107]". Wenn die Gefährdung bereits rechtswidrig ist, weil z. B. vorgeschriebene Schutzmaßnahmen nicht getroffen sind, ist es auch der eintretende Schaden. Wenn die Gefährdung dagegen erlaubt und rechtmäßig ist, wird der eintretende Schaden trotzdem überwiegend für rechtswidrig gehalten mit der Begründung, die Betriebserlaubnis gebe ein Gefährdungsrecht, aber kein Eingriffsrecht[108].

Hubmann[109] hält die gefährdende Handlung für erlaubt, die eintretenden Schäden dagegen für rechtswidrig und wendet sich besonders dagegen, die Schäden für unvermeidbar zu halten; diese Schäden seien nicht naturnotwendig mit der Handlung verbunden und müßten eben vermieden werden.

Stoll geht vom herrschenden sachverhaltsbezogenen Unrechtsbegriff aus und kommt zu dem Ergebnis, daß die erlaubte Gefährdung zu einer unerlaubten Verletzung führen kann, falls die Gefährdung sozial adäquat ist, dem Schädiger aber gleichwohl die Eingriffsbefugnis fehlt[110].

Zwiespältig ist die Stellungnahme von May, wenn er zunächst[111] meint, trotz ordnungsmäßigen Verhaltens unvermeidliche Schäden könnten nicht als rechtswidrig bezeichnet werden, weil sich das Verhalten im Rahmen des Rechts halte, später[112] aber sagt, nur die abstrakte Gefährdung sei gerechtfertigt, nicht mehr.

Schack[113] lehnt eine Beurteilung der Handlung nach dem Erfolg ausdrücklich ab. Nach seiner Meinung wird das vorschriftsmäßige Verhalten eines Polizisten, der auf der Verbrecherjagd zufällig einen Passanten

---

105 BGH 24, 21.

106 Schack, Gutachten, S. 25; JR 58, 207.

107 Bachof, Vornahmeklage, S. 117, Anm. 10 a.

108 Esser, Gefährdungshaftung, S. 79; Larenz, Schuldrecht, Bd. II, S. 364; Stoll, a. a. O., S. 142; Hubmann, a. a. O., S. 492 f.; May, a. a. O., S. 1264; Schack, JZ 56, 428; Lehmann, Festschrift für Hedemann, S. 189; Katzenstein, a. a. O., S. 195; Sieg, a. a. O., S. 178; Böhmer, a. a. O., S. 745; zweifelnd Reinhardt, Gutachten, S. 270; Münch, Verhandlungen II, S. C 86; dagegen Nipperdey, NJW 57, 1777 u. Enn., S. 1284.

109 a. a. O., S. 492 f.

110 Stoll, a. a. O., S. 142; Lehmann, Festschrift für Hedemann, S. 189.

111 a. a. O., S. 1263, r. Sp.

112 a. a. O., S. 1264, r. Sp.

113 Schack, JZ 56, 428.

erschießt, durch den zweifellos der Rechtsordnung nicht entsprechenden Erfolg nicht nachträglich rechtswidrig.

Stoll[114] und besonders Larenz[115] trennen dagegen zwar auch Handlung und Erfolg, beurteilen aber die Handlung ex post nach ihrem Erfolg. Rechtswidrig ist danach ein Verhalten nicht, weil es von vornherein verboten war, sondern weil ein Schaden entstanden ist, den der andere nicht zu dulden braucht. Das Schießen des Polizisten war danach zunächst rechtmäßig und wurde dann rechtswidrig, weil es zum Töten eines Passanten wurde; das Schießen war erlaubt, das Töten dagegen verboten.

Der BGH[116] stellt das Verhalten in den Vordergrund und meint, wenn dieses den gegebenen Normen — hier den Verkehrsvorschriften — entspreche, könne es nicht trotzdem mit dem negativen Werturteil der Rechtswidrigkeit versehen werden. Dafür gebe der eingetretene Erfolg keinen ausreichenden Grund her, da das Urteil der Rechtswidrigkeit im Sinne der Bestimmungen des BGB über unerlaubte Handlungen die zum Erfolg führende Handlung nicht unberücksichtigt lassen könne. Es sei daher der Satz aufzustellen, daß bei verkehrsrichtigem (ordnungsgemäßem) Verhalten eines Teilnehmers am Straßen- oder Eisenbahnverkehr eine rechtswidrige Schädigung nicht vorliege.

Der BGH stellt also nicht ausschließlich auf die Handlung ab, sondern sagt vorsichtig, die Handlung dürfe bei der Beurteilung der Rechtswidrigkeit nicht außer acht gelassen werden.

Auch Esser entscheidet sich nicht eindeutig, wenn er auf S. 189 einmal sagt, der Erfolg gehöre nie zum Gegenstand des Unrechtsurteils, dann aber weiter unten meint, das Zivilrecht beurteile nicht den bloßen Handlungsunwert, sondern diesen nur im Hinblick auf den tatbestandsmäßigen Erfolgsunwert. Ein pflichtgemäßes Verhalten könne aber nicht nur des Erfolges wegen als rechtswidrig bezeichnet werden.

Bettermann, Böhmer, Larenz und May wollen die Normwidrigkeit im Einzelfall von der allgemeinen zivilrechtlichen Rechtswidrigkeit unterscheiden; auch wenn ein Verhalten nicht „verkehrspolizeiwidrig" sei, seien doch auch die unvermeidbaren Schäden rechtswidrig. Zutreffend wird auch darauf hingewiesen, daß jede Reglementierung von Verhaltens- und Sorgfaltspflichten notwendig lückenhaft bleiben muß, weil nicht alle Gestaltungen des Lebens vorhergesehen werden können[117].

Nipperdey[118] und Zippelius[119] gehen von einem Handlungsunrechtsbegriff aus. Danach ist ein menschliches Verhalten rechtswidrig, wenn es der Rechtsordnung als Ganzem widerspricht. Gebote und Verbote sollen

---

[114] a. a. O., S. 142.

[115] Schuldrecht, Bd. II, S. 360.

[116] BGH 24, 21 ff.

[117] Stoll, a. a. O., S. 139, 1. Sp. a. E.; Hubmann, a. a. O., S. 492 a. E.

[118] Enn.-Nipperdey, S. 1279 ff.; NJW 57, 1777.

[119] AcP 157, 390; NJW 57, 1707.

sich nur auf menschliche Handlungen oder Unterlassungen beziehen können, nicht dagegen auf den Eintritt eines bestimmten Erfolges.

Besonders Nipperdey wirft der herrschenden Erfolgsunrechtslehre vor, sie vermöge die Fälle nicht befriedigend zu lösen, in denen trotz Einhaltung der erforderlichen oder auch jeder möglichen Sorgfalt Rechtsgutsverletzungen durch eine von der Rechtsordnung zugelassene gefährliche Tätigkeit entstehen; solche Tätigkeiten und Betriebe führten immer wieder zu unvermeidbaren Schäden. Es sei gekünstelt, mit der Begründung, die Betriebserlaubnis gebe zwar ein Gefährdungs- aber kein Eingriffsrecht, den Erfolg als rechtswidrig zu bezeichnen. Es widerspreche einer vernünftigen Wertung zu sagen, die Rechtsordnung lasse bestimmte Rechtsgütergefährdungen zu, verbiete aber die damit verbundenen unvermeidbaren Folgen. Solche Folgen könnten nur verhindert werden, wenn die Tätigkeit schlechthin untersagt würde. Wenn die Rechtsordnung aber die gefährliche Tätigkeit zulasse, so könne das vernünftigerweise nur den Sinn haben, daß sie eben diese unvermeidbaren Folgen um der Nützlichkeit der Tätigkeit willen in Kauf nehme, d. h. sie nicht mißbilligen wolle. Die unvermeidbaren Folgen lägen im Rahmen der sozialen Ordnung und seien nicht rechtswidrig, solche Schäden seien nicht Unrecht, sondern Unglück. Unvorsätzliche Rechtsgutsverletzungen seien somit nur rechtswidrig, wenn die im Verkehr erforderliche Sorgfalt außer acht gelassen, d. h. wenn fahrlässig gehandelt wurde[120].

Schmidt[121] hält diese Ansicht für schwer vereinbar mit der Notwehrregelung des § 228, der einen rechtswidrigen Angriff voraussetze. Wenn ein Autofahrer ins Schleudern gerate und in eine Menschenmenge zu rasen drohe, so sei vom Standpunkt Nipperdeys aus gegen dieses rechtmäßige Verhalten keine Notwehr zulässig.

Stoll[122] weist zur Stützung seiner Ansicht auf § 1004 hin; nach dieser Vorschrift kann der Rechtsinhaber die Beseitigung einer eingetretenen und noch fortdauernden Beeinträchtigung verlangen, auch wenn diese die Konkretisierung einer erlaubten Gefahr darstellt und der Betroffene die Gefährdung selbst dulden muß.

Diese Bedenken sucht Nipperdey[123] mit dem Hinweis auf den Zweck der Institute aus dem Wege zu räumen, der dazu zwinge, nicht allein auf die negative Bewertung der Handlung, sondern vielmehr maßgebend darauf abzustellen, ob die drohende Beeinträchtigung oder die Fortwirkung der Beeinträchtigung in Zukunft vom Rechtsinhaber zu dulden sei. Es dürfe nicht mit der herrschenden Meinung die „nicht zu duldende Beeinträchtigung" dem „rechtswidrigen Eingriff" gleichgesetzt werden[124].

---

[120] Enn.-Nipperdey, S. 1295; NJW 57, 1779.
[121] Schmidt, NJW 58, 488 und NJW 60, 1706.
[122] Stoll, a. a. O., S. 140, 142.
[123] Enn.-Nipperdey, S. 1292.
[124] Enn.-Nipperdey, S. 1297, Anm. 87 mit Beispielen zu § 1004.

Eine Klärung dieser Fragen und eine abschließende Stellungnahme zum Problemkreis des zivilrechtlichen Unrechtsbegriffs[125] kann im Rahmen dieser Arbeit nicht versucht werden, jedoch sei auf folgendes hingewiesen:

Schon aus sprachlichen Gründen ist die Darstellung einer trennenden Bewertung von Handlung und Erfolg schwierig, weil Wörter wie töten, verletzen, Schädigung stets die Handlung *und* den Erfolg umfassen[126]. Wenn Nipperdey vom „rechtswidrigen Eingriff" spricht, so sind damit Handlung und Erfolg erfaßt. Genau muß man umschreibend von der „möglicherweise eine Verletzung verursachenden Handlung" einerseits und der „Verletzung" andererseits sprechen. Das „Schießen" des Polizisten auf Verbrecherjagd und der „Tod" des zufällig dazwischentretenden Passanten werden in dem Wort „Tötung" zusammengefaßt, und von einem solchen Begriff geht auch das Gesetz etwa in § 823 I aus, wenn es von „Verletzung des Lebens, Körpers, Eigentums" usw. spricht.

Wenn Nipperdey[127] meint, es widerspreche einer vernünftigen Wertung, zu sagen, die Rechtsordnung lasse bestimmte Rechtsgütergefährdungen zu, verbiete aber die damit verbundenen unvermeidbaren Folgen, so ist dem die elastische Uneinheitlichkeit der Rechtsordnung selbst entgegenzuhalten.

Der Begriff der „Rechtswidrigkeit" kann in verschiedenem Sinne aufgefaßt werden, nämlich als einzelnormwidrig, rechtsordnungswidrig und gerechtigkeitswidrig. Eine Notwehrhandlung entspricht der Einzelnorm, der Rechtsordnung und der Gerechtigkeit. Die Zwangsvollstreckung aus einem rechtskräftigen objektiv unrichtigen Urteil widerspricht zwar der Gerechtigkeit, aber nicht den Einzelnormen und der Rechtsordnung, die dieses „Unrecht" aus Gründen der Rechtssicherheit, der Rechtskraft und des Rechtsfriedens zulassen. Ein Eigentumserwerb gemäß § 950 entspricht zwar der Einzelnorm, aber nicht restlos der Gerechtigkeit und nicht der Rechtsordnung, die zwecks „gerechter" Güterverteilung einen Ausgleich der „rechtswidrigen" Vermögenslage anordnet. Der Diebstahl schließlich widerspricht Gerechtigkeit, Rechtsordnung und Einzelnorm.

Handlung und Erfolg werden im Rechtssystem nicht immer einheitlich bewertet. Im Fall des § 717 II ZPO ist die schädigende Vollstreckungshandlung zunächst rechtmäßig, und zwar vollstreckungsrechtlich, und, wenn das zugrunde liegende Urteil materiell richtig ist, auch materiellrechtlich, erweist sich aber später samt dem Erfolg als rechtswidrig, wenn das Urteil aufgehoben wird. Die Rechtmäßigkeit ist in diesem Fall eine vorläufige, und mit dem aufhebenden Urteil der höheren Instanz ist ihr

---

125 Dazu die tiefschürfende und eigenwillige Arbeit von WIETHÖLTER: Der Rechtfertigungsgrund des verkehrsrichtigen Verhaltens.

126 ZIPPELIUS, AcP 157, 397.

127 ENN.-NIPPERDEY, S. 1295; NIPPERDEY, NJW 57, 1779.

der Boden entzogen. Das gleiche gilt bei Vollziehung eines später wieder aufgehobenen Verwaltungsakts[128].

Umgekehrt knüpft das Gesetz an einen rechtswidrigen Eingriff vielfach einen Erwerbstatbestand mit oder ohne Ausgleichspflicht, so beim gutgläubigen Erwerber, der Eigentümer wird, obwohl er die Sache zunächst dem früheren Eigentümer gegenüber rechtswidrig[129] an sich bringt. In den Fällen der §§ 946 bis 950 kann ebenfalls ein rechtswidriger Eingriff vorliegen, und kraft Gesetzes tritt doch eine Zuordnungswirkung ein, die „rechtmäßig", aber doch nicht endgültig gerechtfertigt ist. Beim Überbau des § 912 liegt zunächst ein rechtswidriger Eingriff vor, der geschaffene Zustand muß aber vom Verletzten — freilich gegen Entschädigung — geduldet werden, wird also von der Rechtsordnung gebilligt.

Das Gesetz selbst läßt demnach aus rechtswidrigem Verhalten rechtmäßige Zustände entstehen oder umgekehrt.

Ursache und Wirkung, Handlung und Erfolg sind einer getrennten rechtlichen Beurteilung überhaupt und besonders hinsichtlich der Rechtswidrigkeit zugänglich.

Wenn man allerdings Rechtswidrigkeit nur bei einem Verstoß gegen Gebote und Verbote annimmt, so kann sie sich naturgemäß nur auf menschliches Verhalten (Handeln oder Unterlassen) beziehen und nicht auf einen „blinden Kausalprozeß[130]". Eine solche einschränkende Betrachtungsweise wäre jedoch zu einseitig und würde den Umstand außer acht lassen, daß die Rechtsordnung Handlungen *und* Zustände beurteilt, ja daß sie in scheinbarer Widersprüchlichkeit die Güterverteilung in einer bestimmten Weise regelt, diese Regelung aber zugleich mißbilligt und einen Ausgleich für eine angeordnete, aber nicht endgültig gewollte Güterzuordnung gebietet. Der Begriff der Rechtswidrigkeit bezieht sich nicht nur auf einen „Verstoß gegen" die Rechtsordnung, also eine Handlung, sondern er umfaßt zugleich auch einen „Widerspruch zur" Rechtsordnung, einen Zustand, die Folge einer Handlung. Die „nicht zu duldende Beeinträchtigung", von der Nipperdey spricht, kann sowohl eine Handlung als auch ein Zustand sein (das Wort „Beeinträchtigung" bezeichnet zugleich Handlung und Erfolg). Gegen das nicht zu Duldende kann sich der Betroffene wehren, es wird von der Rechtsordnung mißbilligt, es ist wider die Rechtsordnung und damit rechtswidrig.

Die Ansicht Nipperdeys erscheint deshalb bedenklich, weil er, ausgehend von einer Überbewertung der Unvermeidbarkeit von Schäden im Rahmen zulässiger Gefährdungen, Rechtswidrigkeit und Schuld zu einer Einheit verbindet. Wenn es richtig wäre, daß die unvermeidbaren Schäden, die die charakteristischen Fälle der Gefährdungshaftung sind, von der Rechtsordnung in Kauf genommen und gebilligt würden, so wäre

---

[128] Haas, a. a. O., S. 56.
[129] Schulz, a. a. O., S. 428.
[130] Enn.-Nipperdey, S. 1288.

die gesamte Gefährdungshaftung nach den obigen Erörterungen den Aufopferungsansprüchen zuzurechnen. Es „widerspricht nicht einer vernünftigen Wertung zu sagen, die Rechtsordnung lasse bestimmte Rechtsgütergefährdungen zu, verbiete aber die damit verbundenen unvermeidbaren Folgen"; das könnte man höchstens für naturnotwendige Schäden sagen. Die Rechtsordnung muß sich der Erkenntnis, daß mit großer Wahrscheinlichkeit unvermeidbare Schäden eintreten, verschließen und kategorisch jede Verletzung verbieten und mißbilligen. Sie gebietet grundsätzlich die Vermeidung von Schäden, macht aber dem Verursacher nicht stets einen Schuldvorwurf, wenn ein Schaden eintritt. Würde sie das nicht tun, so bestünde die Gefahr, daß der Schädiger sich selbstzufrieden mit den Schäden abfindet, anstatt ständig ihre Vermeidung anzustreben und besonders aus ihrem Eintritt Vorbeugungsmaßnahmen und Verhinderungsmöglichkeiten zu erkennen. Ein Kurzschluß muß dazu zwingen, um seine Vermeidung in Zukunft bemüht zu sein durch Erneuerung der Leitung, Überprüfung in regelmäßigen Zeitabständen, Einbau zusätzlicher Sicherungsautomaten; ein Unfall infolge Materialverschleißes gebietet die Überlegung, ob nicht das Material bereits vorher einen erkennbaren Defekt hatte, ob es überbeansprucht, die Maschine überlastet war und eine häufigere Auswechselung notwendig ist[131].

Die Rechtsordnung gebietet generell die Verhinderung von Schäden, aber sie läßt unter Umständen vom Schuldvorwurf ab, wenn ein unvermeidbarer Schaden entstanden ist.

Wenn der „Eingriff" als Wesensmerkmal des Aufopferungsanspruchs dargestellt wurde, so ist es unter der Fragestellung der Rechtswidrigkeit das Eingriffs*recht*, die Befugnis, einen Schaden herbeizuführen. Beim Aufopferungsanspruch im ursprünglichen, engeren Sinne besteht ein Schädigungsrecht, bei der sogenannten Gefährdungshaftung dagegen bloß ein Gefährdungsrecht. Das den Schaden verursachende Verhalten ist in beiden Fällen rechtmäßig, der Schaden selbst aber bei der Gefährdungshaftung rechtswidrig.

Geht man gleichsam von der ursprünglichen Idee beider Institute aus, so wäre eine Abgrenzung in der Weise vorzunehmen, daß der Aufopferungsanspruch bei Rechtmäßigkeit von Handlung und Erfolg, bei einem bestehenden Schädigungsrecht eingriffe, während die Gefährdungshaftung die Schäden umfaßte, die aus einem zulässigen gefährlichen Tun entstehen und von der Rechtsordnung mißbilligt werden, weil kein Eingriffsrecht besteht.

Zwischen Aufopferungsanspruch im engeren Sinne und sogenannter Gefährdungshaftung besteht grundsätzlich ein Unterschied in der Rechtswidrigkeit, der aber als Grund für die Zuordnung eines Schadensfalles zu der einen oder anderen Kategorie wenig geeignet ist, weil nach ge-

---

[131] Hier wird bereits eine fließende Grenze zum Schuldbereich sichtbar.

festigter und im Ergebnis zutreffender Rechtsprechung sowohl der Aufopferungsanspruch bei rechtswidrigen Schädigungen als auch die Gefährdungshaftung bei Rechtswidrigkeit der Gefährdung Platz greifen, denn bei Rechtswidrigkeit von Schädigung oder Gefährdung soll nicht ein Ersatzanspruch ausgeschlossen sein, der bei Rechtmäßigkeit bestehen würde. Klarheit besteht lediglich, wenn ein Eingriffsrecht gegeben und somit die Schädigung rechtmäßig ist; dann ist keine Gefährdungshaftung anzunehmen.

4. Abschließende Stellungnahme

Bei der Beantwortung der Frage, ob es notwendig, empfehlenswert oder auch nur zulässig ist, eine allgemeine öffentlich-rechtliche Gefährdungshaftung als selbständiges Rechtsinstitut zu entwickeln, das im Verhältnis zum Aufopferungsanspruch eigene Voraussetzungen, aber die gleichen Rechtsfolgen haben soll, und Fälle regelt, die bisher als vom Aufopferungsanspruch erfaßt angesehen und behandelt wurden, ist folgendes zu beachten:

a) Zunächst bieten die gefundenen Unterscheidungsmerkmale „Eingriff" und „Rechtswidrigkeit" nicht die Möglichkeit einer wirklich eindeutigen Abgrenzung für alle Fälle.

Der Begriff des Eingriffs ist zu undifferenziert, er umfaßt die Handlung *und* den Erfolg und läßt außer acht, daß es auch bewußte und gewollte Rechtsverletzungen gibt, die nicht oder nicht direkt und naturnotwendig zu einer Schädigung führen, und bei denen eine solche auch nicht beabsichtigt ist (z. B. Impfung). Von einer Inkaufnahme von Schäden kann man sowohl beim Aufopferungsanspruch wie bei der Gefährdungshaftung sprechen, wenn der Eintritt von Schäden als möglich erkannt wurde.

Die Rechtswidrigkeit ist kein zur Unterscheidung geeignetes Merkmal, weil der Aufopferungsanspruch in seiner jetzigen Ausgestaltung gleichermaßen Fälle der Rechtmäßigkeit und Rechtswidrigkeit von Handlung und Erfolg umfaßt (der rechtswidrig Verletzte soll nicht schlechter stehen als der rechtmäßig Beeinträchtigte). Es nutzt wenig, wenn man sagt, der Aufopferungsanspruch erfordere „grundsätzlich" eine rechtmäßige Schädigung.

b) Die Anerkennung einer allgemeinen öffentlich-rechtlichen Gefährdungshaftung setzt voraus, daß eine Trennung von den reinen Zufallsschäden möglich ist und eine Ausweitung zu einer Erfolgshaftung verhindert werden kann. Zu den Einsichten, die für das bürgerliche Recht seit langem bestimmend sind und die Forsthoff[132] für das öffentliche Recht nutzbar machen will, gehört auch die, daß eine allgemeine Gefährdungs-

[132] Verwaltungsrecht, S. 319.

haftung abzulehnen ist, weil eine klare Grenze zwischen gefährlichen und ungefährlichen Handlungen nicht gezogen werden kann. Wenn Forsthoff[133], um der Gefährdungshaftung feste und kontrollierbare Grenzen zu setzen, eine „individuelle, außergewöhnliche Gefahrenlage, mehr als eine normale Gefahr" verlangt, so ist damit für die praktische Rechtsanwendung wenig gesagt, andererseits kann kaum mehr gesagt werden.

Impf- und Salvarsan-Schäden beispielsweise müßten von den Befürwortern einer Gefährdungshaftung dieser zugerechnet werden, weil der Staat hier nicht mit der Zweckrichtung handelt, den einzelnen im Gemeininteresse außerordentlich zu belasten, sondern im Gegenteil die Maßnahme auch oder sogar überwiegend zum Vorteil des einzelnen vornimmt. Wenn diese Schadensfälle aber der Gefährdungshaftung angehören sollen, wäre Voraussetzung, daß die Betroffenen in individuelle, außergewöhnliche Gefahrenlagen versetzt worden sind.

Demgegenüber führen die — wörtlich verstandenen — Begründungen der Rechtsprechung zu dem geradezu paradoxen Ergebnis, daß Voraussetzung der Gefährdungshaftung gerade das Versetztsein des Betroffenen in eine „ungefährliche" Situation ist. So sagt denn auch der BGH[134] für die Impfschäden, gerade weil Impfungen generell ungefährlich seien und der Gesetzgeber somit Schäden nicht in Kauf nehme, diese vielmehr gänzlich außerhalb der Willensrichtung des Gesetzgebers lägen, sei beim Eintritt eines Schadens ein Entschädigungsanspruch gegeben[135]. Ganz klar ist dieser Gedanke in der Salvarsan-Entscheidung[136] ausgedrückt, in der der Anspruch damit begründet wird, daß grundsätzlich schwere Schäden bei einer derartigen Heilbehandlung nicht erwartet würden. Wenn die Anwendung einer Heilmethode, die in der Regel mit einer ernsten Gefahr nicht verbunden sei, im Einzelfall doch zu einer schweren Gesundheitsbeschädigung geführt habe, die ohne die Behandlung nicht eingetreten wäre, so stelle eben diese Gesundheitsbeschädigung ein besonderes Opfer dar.

Aus dieser Formulierung darf nicht der Schluß gezogen werden, daß kein zu entschädigendes besonderes Opfer anzunehmen sei, wenn die betreffende Heilmethode in der Regel mit ernsten Gefahren verbunden, also gefährlich ist, weil sich dann aus ihrer gesetzlichen Anordnung ergebe, daß die Hinnahme eintretender Schäden ersatzlos zugemutet werde. In einem solchen Falle ist vielmehr ein Aufopferungsanspruch im engeren

---

[133] Verwaltungsrecht, S. 318.

[134] BGH 9, 83 (88).

[135] Dabei geht der BGH offenbar davon aus, daß der Gesetzgeber einen besonderen Entschädigungsanspruch normiert haben würde, wenn er Impfungen für generell gefährlich hielte (z. B. in NRW Impfschädengesetz vom 10. 2. 1953, GVBl. 1953, 166).

[136] BGH 25, 238 (242).

Sinne gegeben, weil es sich um echte Eingriffsschäden, d. h. billigend in Kauf genommene Schädigungen handelt.

Berücksichtigt man, daß bei einer entsprechenden physischen Veranlagung des Impflings oder Salvarsan-Patienten die Schäden gleichsam naturnotwendig eintreten, und zwar auch in etwa voraussehbar, wenn der Kreis der Beteiligten groß gezogen wird, so werden gewisse Parallelen zu dem erwähnten „Schornsteinfall" sichtbar. Der Unterschied besteht darin, daß beim Schornsteinfall die eintretenden Schäden ohne weiteres als naturnotwendig eintretend erkennbar sind, während Impf- und Salvarsan-Schäden nur mit mehr oder minder großer Wahrscheinlichkeit erwartet werden und theoretisch — wenn auch praktisch nur selten — auch ganz ausbleiben können.

Trotz der Formulierung der Rechtsprechung, ein Ersatzanspruch sei gegeben, wenn aus einer „generell" oder „in der Regel" ungefährlichen Situation im Einzelfall ein besonderer Schaden entstehe, sind die unabwendbare und vom Betroffenen zu duldende *Gefährdung* und der aus ihr entstandene Schaden der Grund für die Zubilligung einer Ersatzpflicht. Eine besondere Gefahrenlage war gegeben, auch wenn „von in der Regel ungefährlichen" Maßnahmen gesprochen wird. Sowohl bei der Impfung wie bei der Salvarsan-Behandlung werden individuelle und außergewöhnliche Gefahrenlagen geschaffen. Dem widerspricht es nicht, daß der BGH diese Maßnahmen als in der Regel ungefährlich bezeichnet. Der Begriff der Gefahrenlage ist nämlich *mehrdeutig*. Er drückt einmal die Ungewißheit des Eintritts eines Schadens schlechthin aus, der die adäquate Folge einer bestimmten Gefahrenlage ist, und zum anderen die Ungewißheit über das Ausmaß des eintretenden Schadens. Der Grad der Gefährlichkeit, die Intensität der Gefahr kann sich nach der Häufigkeit von Schadensfällen und nach der Schwere der möglichen Schädigungen bemessen. Wenn der BGH die Salvarsan-Behandlung oder die Impfung als „in der Regel ungefährlich" bezeichnet, so wird damit nicht das Vorhandensein einer Gefahr geleugnet, sondern lediglich auf die Seltenheit einer Konkretisierung der Gefahr im Schaden, also den geringen Grad der Gefährlichkeit bezüglich der Häufigkeit von Schäden hingewiesen. Eine *große* Gefahr im Hinblick auf die Schwere der möglicherweise eintretenden Schäden ist trotzdem gegeben.

Eine außerordentliche Gefahr ist demnach sowohl bei voraussichtlich häufigem Eintritt geringerer als auch bei voraussichtlich seltenem Eintritt schwerer Schäden anzunehmen. In vielen Fällen wird indes eine eindeutige Beurteilung nicht möglich sein, weil es sich letztlich um eine Wertungsfrage handelt.

c) Die Anerkennung einer allgemeinen Gefährdungshaftung würde nicht zur Schaffung neuer Anspruchsgruppen führen[137], sondern lediglich

[137] Schack, JR 58, 208; Rinck, a. a. O., S. 13.

anerkannte Haftungstatbestände dem Aufopferungsanspruch entziehen, der bisher in diesen Fällen Anwendung fand. Dabei würde die Gefährdungshaftung entweder in einen normleeren Raum gestellt oder aber in irgendeiner Form an den Aufopferungsanspruch angelehnt[138]. Auch im Umfang der Ansprüche besteht kein Unterschied.

d) Eine Beschränkung des Aufopferungsanspruchs auf „Eingriffsschäden“ und eine Absonderung der Gefährdungshaftung würde der gewohnheitsrechtlichen Entwicklung des Instituts „Aufopferungsanspruch“ nicht gerecht. Wenn auch die §§ 74, 75 Einl. ALR und Art. 14 GG als Spezialfall einer Aufopferung offenbar von einer bewußten und gewollten Schädigung des einzelnen im öffentlichen Interesse ausgehen, so muß nicht deshalb auch heute noch ein Eingriff Anspruchsvoraussetzung sein. In den Vorschriften des ALR liegt sicherlich eine Wurzel des Aufopferungsanspruchs, aber dieser hat sich von der Wurzel längst gelöst und zu einem selbständigen Institut entwickelt. Dieses Institut ist gewohnheitsrechtliche Norm geworden, und die gewohnheitsrechtliche Entwicklung ist nicht nur Grundlage für die Geltung des Aufopferungsgedankens überhaupt, sondern bestimmt auch die Voraussetzungen und den Umfang des Anwendungsbreichs. Wenn die Rechtsprechung den Aufopferungsanspruch ständig auch in Fällen gewährt hat, die der Gefährdungshaftung zuzurechnen wären, weil kein Eingriff und keine bewußte und gewollte oder naturnotwendige Schädigung gegeben waren, dann ist eben die gewohnheitsrechtliche Norm „Aufopferungsanspruch“ nicht auf Eingriffsschäden beschränkt, sondern erfaßt auch Schäden, die aus hoheitlich geschaffenen Gefahrenlagen entstehen. Eine Ausklammerung der Fälle der Gefährdungshaftung würde den gewohnheitsrechtlich gewordenen Aufopferungsanspruch in seinem Anwendungsbereich unzulässig beschränken[139].

e) Interessenkollision und Opferlage sind bei Aufopferungsanspruch und Gefährdungshaftung gleicherweise gegeben. Die absolute Sicherheit der Rechtsgüter des einzelnen steht der Wahrung der höheren Interessen der Allgemeinheit unvereinbar gegenüber; mindestens eine Gefährdung der Rechtsgüter ist bei Wahrung der öffentlichen Interessen erforderlich, ein Schaden nur unter Umständen. Die Gefahrenlage wird stets durch ein bewußtes und gewolltes Handeln herbeigeführt, und bereits die Gefährdung kann als Auferlegen eines Sonderopfers angesehen werden, wobei eine Ersatzpflicht allerdings erst bei Konkretisierung der Gefahr im Schaden eintritt. Für den Geschädigten ist es gleichgültig, ob der Schaden bewußt und gewollt herbeigeführt wird oder bloß die Folge einer Gefährdung ist. In beiden Fällen ist er dem Schaden unentrinnbar ausgeliefert, eine Abwehrmöglichkeit besteht *praktisch* nicht. Ist beim Auf-

---

[138] vgl. S. 30 der Arbeit, Fußnoten 82—84.
[139] ähnlich JANSEN, NJW 1962, 939 ff. (945).

opferungsanspruch im engeren Sinne die Privilegierung zu einem Eingriff in fremde Rechte der Haftungsgrund, so ist es bei der sogenannten Gefährdungshaftung die Privilegierung zu einem Eingriff in die allgemeine Verkehrssicherheit, zur Rechtsgefährdung.

f) Dem berechtigten Anliegen, die Ersatzansprüche auf ein erträgliches Maß zu beschränken, widerspräche es, wenn in allen Fällen, in denen der Betroffene sich dem Schaden nicht entziehen konnte, eine Entschädigungspflicht anerkannt würde. Damit wäre nämlich eine allgemeine Verursachungshaftung geschaffen; in den Fällen, in denen der Verletzte sich dem Schaden entziehen konnte, ist eine Ersatzpflicht ohnehin aus dem Grundgedanken des § 254 ausgeschlossen. Es müßte aber, wenn man nur auf § 254 abstellen wollte, stets, wenn der Schaden für den Betroffenen unvermeidbar war, und zwar auch bei reinen Zufallsschäden, Ersatz geleistet werden. Das ginge zu weit.

Dem Ausschluß einer Haftung für reine Zufallsschäden kann die Einbeziehung der Begriffe der Interessenkollision und der besonderen Gefahrenlage dienen, wenn nämlich eine Ersatzpflicht nur bei einer in *der* Form bestehenden Interessenkollision angenommen wird, daß die Verfolgung der Allgemeininteressen eine außerordentliche Gefährdung der Rechtsgüter des einzelnen erfordert. Eine solche Gefährdung liegt vor, wenn typische Schäden entweder häufig eintreten oder zwar selten, sich aber, wenn sie eintreten, besonders verhängnisvoll auswirken. Es muß mit anderen Worten bereits die Gefährdung wegen der Häufigkeit oder der Schwere der zu erwartenden konkreten Schäden als ein außerordentliches Opfer angesehen werden können. Von diesem Standpunkt aus kann der Meinung Schacks[140] zugestimmt werden, der einen Ersatzanspruch für Schäden, die durch einen Rohrbruch der öffentlichen Wasserzuleitung entstanden sind, verneint. Es besteht keine Entschädigungspflicht, weil die Gefahrenlage im Hinblick weder auf die Häufigkeit noch auf die Schwere möglicherweise eintretender Schäden als außerordentlich und damit als Opfer angesehen werden kann.

Der Anwendungsbereich des Aufopferungsanspruchs ist nicht auf „Eingriffsschäden“ beschränkt, sondern umfaßt auch Fälle der Gefährdungshaftung, in denen der Betroffene lediglich praktisch dem Schaden nicht ausweichen konnte, aber nur qualifizierte Fälle, nämlich solche, in denen die Gefährdung eine so außerordentliche war, daß bereits in ihr ein Opfer gesehen werden kann.

g) Wenn auch eine *begriffliche* Trennung von Aufopferungsanspruch im engeren Sinne und Gefährdungshaftung möglich ist, so empfiehlt sich eine solche für die Rechtsanwendung nicht. Soweit nicht aus direkter oder analoger Anwendung von Spezialvorschriften eine besondere Regelung

---

[140] Schack, JR 58, 207.

folgt, reicht der Aufopferungsanspruch in seiner heutigen Ausgestaltung, die er in einer langen gewohnheitsrechtlichen, von den Forderungen der Praxis gelenkten Entwicklung erfahren hat, aus, um allen ausgleichsbedürftigen Schadensfällen gerecht zu werden.

5. Zusammenfassung

Eine *begriffliche* Trennung von Aufopferungsanspruch im engeren Sinne und sogenannter Gefährdungshaftung kann folgendermaßen vorgenommen werden:

Aufopferungsanspruch:

1. Bei bewußter und gewollter Schädigung
2. Bei billigender Inkaufnahme eines Schadens
3. Bei Schäden, die die naturnotwendige Folge eines bestimmten Verhaltens sind, ohne Rücksicht darauf, ob sie als solche erkannt worden sind
4. Verursachendes Verhalten und schädlicher Erfolg sind grundsätzlich rechtmäßig, d. h. es bestand ein Schädigungsrecht.

Gefährdungshaftung:

1. Bei Schäden, die nicht billigend in Kauf genommen wurden und die zwar nicht naturnotwendige, aber praktisch unvermeidbare und typische Folge eines Verhaltens sind
2. Dieses Verhalten muß eine außerordentliche Gefährdung fremder Rechtsgüter darstellen, die dann anzunehmen ist, wenn typische Schäden entweder häufig eintreten oder sich, wenn sie eintreten, besonders verhängnisvoll auswirken
3. Das gefährliche Tun wird von der Rechtsordnung zugelassen, es ist nicht rechtswidrig, die eintretenden Schäden dagegen sind — auch wenn sie „praktisch unvermeidbar“ waren — rechtswidrig, da kein Eingriffsrecht bestand.

Für die *Rechtsanwendung* ist diese Trennung jedoch nicht zu befürworten.

Die einzelnen Unterscheidungsmerkmale deuten mehr auf graduelle als auf wesensmäßige Unterschiede hin und bieten nicht für alle Fälle die Möglichkeit einer wirklich eindeutigen Abgrenzung. Im Grenzbereich der in Kauf genommenen Schäden wird die Abgrenzung eher in die Institute hineininterpretiert als aus ihnen selbst abgeleitet. Die bewußte Gefährdung ist bei ihrer Konkretisierung im Schaden dem Eingriff gleichzusetzen; daneben steht die unbewußte Gefährdung bei den Empfehlungsfällen. Der Haftungsgrund ist bei beiden Instituten der gleiche, nämlich ein besonderes Privileg zur Verletzung fremder Rechte beim Aufopferungsanspruch im engeren Sinne und zur Gefährdung bei der sogenannten Gefährdungshaftung.

Der Aufopferungsanspruch, wie er sich gewohnheitsrechtlich entwickelt hat, ist nicht auf Eingriffsschäden auf Grund eines Eingriffsrechts beschränkt, sondern gewährt auch in den Fällen der sogenannten Gefährdungshaftung einen Ausgleich, soweit sich nicht eine besondere Regelung aus Einzelvorschriften oder einer Gesetzesanalogie ergibt.

ZWEITER TEIL

Aufopferungsanspruch und Gefährdungshaftung im Privatrecht

A. Der Aufopferungsanspruch im Privatrecht

1. Öffentlich-rechtlicher *oder* privatrechtlicher Aufopferungsanspruch

In Rechtsprechung und Schrifttum ist vielfach die Frage behandelt, ob der Aufopferungsanspruch öffentlich-rechtlicher oder privatrechtlicher Natur sei. Während er früher meist dem Privatrecht zugeordnet wurde[141], kann heute die öffentlich-rechtliche Auffassung als überwiegend bezeichnet werden[142]. Zur Begründung dieser Zurechnung zum öffentlichen Recht wird angeführt, daß der Entstehungstatbestand des Aufopferungsanspruchs nicht in einem bürgerlich-rechtlichen Gleichordnungsverhältnis, sondern in einem Verhältnis der Unterwerfung des einzelnen unter die staatliche Hoheitsgewalt begründet sei[143]. Giese[144] stellt erstaunt die Frage, ob es denn auch einen privatrechtlichen Aufopferungsanspruch gebe, um sie sogleich im nächsten Satz kategorisch zu verneinen und das Rechtsinstitut des Aufopferungsanspruchs als total dem öffentlichen Recht angehörend zu kennzeichnen. Einigkeit besteht darüber, daß für die Geltendmachung solcher Ansprüche die ordentlichen Gerichte zuständig sind[145].

Falsch ist m. E. bereits die alternative Fragestellung, ob „der" Aufopferungsanspruch dem öffentlichen Recht *oder* dem Privatrecht zugehöre; es kann auch öffentlich-rechtliche *und* privatrechtliche Aufopferungs-

---

141 RG 137, 183 (189); STÖDTER, Entschädigung, S. 50; BACHOF, Vornahmeklage, S. 121.

142 SCHACK, Gutachten, S. 22, Anm. 76; STÖDTER, Entschädigung, S. 13; ESSER, Schuldrecht, S. 225.

143 MEISNER—STERN—HODES, S. 639; GIESE, Aufopferungsanspruch, S. 16.

144 JZ 53, 469.

145 GIESE, JZ 53, 469; MEISNER—STERN—HODES, S. 639; ESSER, Schuldrecht, S. 225.

ansprüche geben. Wenn Knoll[146] meint, der BGH habe in Bd. 9, 83 (84, 92) *den* Aufopferungsanspruch als öffentlich-rechtlich anerkannt, jedoch in Bd. 9, 209 ff. über seine Einordnung geschwankt, und Meisner—Stern—Hodes[147] der Ansicht sind, der BGH habe diese Entscheidung dahinstehen lassen, so kann dem nicht gefolgt werden.

Wenn der BGH in Bd. 9, 220 die 30jährige Verjährungsfrist als gegeben erachtet „ohne Rücksicht darauf, ob es sich um öffentlich-rechtliche oder bürgerlich-rechtliche Ansprüche handelt", so ist damit die Existenz beider Arten von Aufopferungsansprüchen anerkannt.

In der Entscheidung Bd. 16, 366 (376) unterscheidet der BGH ausdrücklich beide Ansprüche auch bezüglich ihrer Grundlagen. Er spricht zunächst von den Fällen, in denen die Rechtsprechung einem geschädigten Eigentümer ohne Verschuldensnachweis eine Entschädigung gewährt und sich zur Rechtfertigung auf die in §§ 26 GewO, 904 BGB, 74, 75 Einl. ALR zum Ausdruck gekommenen Rechtsgedanken berufen hat. Voraussetzung für einen solchen Anspruch sei, daß der Schaden durch Eingriffe in das Eigentum des Geschädigten entstanden sei, die dieser nach allgemeinen bürgerlich-rechtlichen Grundsätzen nicht zu dulden verpflichtet gewesen wäre und die er hätte untersagen können, wenn ihm nicht aus besonderen Gründen diese Abwehrmöglichkeit genommen wäre. Der Entschädigungsanspruch trete also an die Stelle des Abwehranspruchs und werde dem Geschädigten für den im Einzelfall aus besonderen Gründen genommenen Abwehranspruch gewährt. Dieser Anspruch wird vom BGH ausdrücklich als „bürgerlich-rechtlich" gekennzeichnet[148].

In einem neuen Abschnitt prüft der BGH dann, ob die Voraussetzungen für den sogenannten „Ausgleichsanspruch" gegeben sind, den das Reichsgericht[149] verschiedentlich gewährt hat; danach muß, wenn sowohl industrielle als auch landwirtschaftliche Betriebe ortsüblich sind, die Industrie, wenn sie die Landwirtschaft in existenzgefährdender Weise beeinträchtigt, „in erweiterter Auslegung des § 906" einen Teil des Schadens der Landwirtschaft tragen[150]. Dieser Ausgleichsanspruch — obwohl vom eigentlichen bürgerlich-rechtlichen Aufopferungsanspruch vor allem in der Anspruchsgrundlage verschieden — wird mit unter den bürgerlich-rechtlichen Aufopferungsanspruch eingereiht. Das ergibt sich aus dem Zwischenergebnis[151], wenn der BGH zusammenfassend von „einem" bürgerlich-rechtlichen Ersatzanspruch spricht, wie er in Ausdehnung der grundsätzlich Rechtswidrigkeit und Verschulden voraus-

[146] Gutachten, S. 182, Anm. 125.

[147] a. a. O., S. 639, Anm. 150.

[148] BGH 16, 366 (372).

[149] RG 154, 161; 159, 129; BGH NJW 59, 1867 ff.

[150] Neuerdings ist dieser Ausgleichsanspruch gesetzlich geregelt, § 906 II, 2; BGBl 1959, I, S. 781.

[151] BGH 16, 366 (373).

setzenden Haftungstatbestände kraft Gewohnheitsrechts unter gewissen Voraussetzungen auch bei Fehlen von Verschulden zu gewähren sei.

Wenn auch, so fährt der BGH fort, die Voraussetzungen für einen *bürgerlich-rechtlichen* Aufopferungsanspruch nicht gegeben wären, so sei damit noch nicht ohne weiteres ein *öffentlich-rechtlicher* Aufopferungstatbestand verneint, der durch unmittelbare Eingriffe von hoher Hand in die Rechtssphäre des einzelnen verwirklicht werden könne und eine Entschädigungspflicht auslöse, die entweder aus unmittelbarer Anwendung der §§ 74, 75 Einl. ALR oder aus dem Gewohnheitsrecht sich ergebe, das sich aus der erweiterten Rechtsprechung zu diesen Bestimmungen entwickelt habe. Dieser „echte[152]" Aufopferungsanspruch setze — ebenso wie der entschädigungspflichtige enteignungsgleiche Eingriff — voraus, daß der Geschädigte durch einen hoheitlichen Eingriff in seine Rechtsspäre genötigt worden sei, zum Wohle der Allgemeinheit ein besonderes, anderen Bürgern nicht zugemutetes Opfer auf sich zu nehmen. Von einem derartigen Sonderopfer könne nicht gesprochen werden, wenn der gleiche Eingriff von einer Privatperson ausgehend entschädigungslos würde hingenommen werden müssen.

Aus der Rechtsprechung des BGH ergibt sich also, daß nach seiner Ansicht ein bürgerlich-rechtlicher und ein öffentlich-rechtlicher Aufopferungsanspruch zu unterscheiden sind.

Auch im Schrifttum[153] wird heute vom bürgerlich-rechtlichen Aufopferungsanspruch gesprochen. Schack[154] hat Bedenken, den bürgerlich-rechtlichen Aufopferungsanspruch dem öffentlich-rechtlichen gegenüberzustellen, weil beide im öffentlichen Recht wurzelten und die Entschädigungspflicht aus der hoheitlichen Betätigung des Staates, nämlich der Versagung der Abwehrklage erwachse. Er meint, der Anspruch werde weder dadurch, daß der Staat hier in das Privatrecht eingreife, noch dadurch, daß er sich gegen den schädigenden Betrieb als den „Begünstigten" richte, zu einem privatrechtlichen. Auch die sogenannten Immissionsfälle will Schack dem öffentlichen Recht zurechnen, weil der Staat zwar selbst keine schädigende Handlung vornehme, aber doch infolge des Duldungszwanges im öffentlichen Interesse den gefährlichen Zustand mitschaffe.

Es ist richtig, daß auch der bürgerlich-rechtliche Aufopferungsanspruch von einer hoheitlichen Betätigung seinen Ursprung nimmt, allerdings in einer anderen Art. Hier wird nicht unmittelbar durch einen Eingriff von hoher Hand der einzelne verletzt oder eine Verletzung allgemein angeordnet, sondern der Staat erlaubt lediglich generell bestimmte Handlungen, Betriebe, Maßnahmen, die den Interessen einzelner und oft auch der Allgemeinheit dienen. Der entscheidende Unterschied liegt darin, daß

---

[152] BGH 16, 366 (374).

[153] Kreft, DÖV 55, 518; Wolff, VerwR, S. 337; Hubmann, a. a. O.; Enn.-Nipperdey, S. 1346, Erman-Hefermehl, § 1004, Anm. 11 c.

[154] Schack, JR 58, 207; Gutachten, S. 26.

unmittelbar schädigende oder gefährdende Handlungen staatlicherseits nicht angeordnet, geboten und vorgenommen, sondern nur zugelassen, geduldet werden. Es geht zu weit, in der Zulassung eines gefährlichen Zustandes bereits das Schaffen einer Gefahrenlage zu sehen. Wenn der Staat eine gefährliche Anlage genehmigt, so schafft er damit nicht selbst die Gefahrenquelle. Dem öffentlichen Recht sind nur die Schadensfälle zuzurechnen, die durch hoheitliche Eingriffe oder hoheitlich angeordnete Gefährdungslagen entstehen. Von dieser Unterscheidung geht auch der BGH aus, wenn er als Voraussetzung für den „echten, öffentlich-rechtlichen" Aufopferungsanspruch den unmittelbaren Eingriff von hoher Hand verlangt, die Ausübung öffentlicher Gewalt[155]; entscheidend ist, daß die Unterordnung des einzelnen unter die konkret ausgeübte staatliche Hoheitsgewalt sichtbar ist, und zwar im Verhältnis des Schädigers zum Geschädigten.

2. Der Aufopferungsanspruch im Privatrecht

a) Im Bürgerlichen Gesetzbuch

Das Privatrecht enthält eine Reihe von Bestimmungen, nach denen ein Eigentümer verpflichtet ist, in Verfolgung höherer Interessen notwendige Eingriffe zu dulden, aber dafür eine Entschädigung erhält. Dazu gehören neben den von Hubmann[156] zitierten §§ 904, 962 BGB auch der § 912, denn auch in diesem Fall kann der Eigentümer nicht gemäß § 1004 Beseitigung der Beeinträchtigung verlangen, sondern er ist zwecks Erhaltung größerer Werte zur Duldung gegen Entschädigung verpflichtet; der gleiche Gedanke ist in den §§ 917 und 867 enthalten.

Ähnliche Interessenlagen regeln die Ersatzansprüche bei „Selbsthilfe oder Erwirkung provisorischer Gerichtshilfe ohne Berechtigung", wie §§ 231 BGB, 89, 302, 600, 717 II, 945 ZPO. Hier wird ein „Handeln auf eigene Gefahr" gesetzlich zugelassen, es entsteht aber eine Schadensersatzpflicht, wenn sich nachher herausstellt, daß die Voraussetzungen für das entsprechende Vorgehen in Wahrheit nicht vorlagen oder wieder weggefallen sind[157].

b) § 26 Gewerbeordnung

Im Fall des § 26 GewO ist der Eigentümer ebenfalls zur Duldung von nach bürgerlichem Recht an sich unzulässigen Einwirkungen verpflichtet, wenn diese nicht durch Schutzvorrichtungen vermieden werden können; jedoch besteht ein Anspruch auf Schadloshaltung. Dieser Fall ist dem

---

[155] BGH 16, 366 (374); HUBMANN, a. a. O., S. 492; ESSER, Schuldrecht, S. 225.
[156] a. a. O., S. 490.
[157] ENN.-NIPPERDEY, S. 1348; ESSER, Schuldrecht, S. 159.

bürgerlichen Recht zuzuordnen, denn die Schädigungen gehen vom Betriebsinhaber aus. Durch die staatliche Genehmigung ist lediglich der Unterlassungs- und Beseitigungsanspruch ausgeschlossen und eine Duldungspflicht für den Betroffenen statuiert. Schädiger und Geschädigter stehen sich gleichgeordnet gegenüber.

c) Der sogenannte Ausgleichsanspruch

Für Fälle, in denen die Nutzung von Grundstücken nicht nur zu Industriezwecken, sondern auch zu landwirtschaftlichen Zwecken ortsüblich ist, hat die Rechtsprechung den bereits erwähnten „Ausgleichsanspruch" entwickelt. Da sowohl die Industrie als auch die Landwirtschaft ihre Daseinsberechtigung habe, so führt das RG aus[158], müsse die Rechtsordnung auch für beide die Daseinsbedingungen gewährleisten. Einwirkungen der Industrie, die die Lebensbedingungen der Landwirtschaft zerstörten, könnten deshalb nicht als rechtmäßig im Sinne des § 906 angesehen werden. Da ein Abwehranspruch ausgeschlossen sei, müsse die Rechtswidrigkeit einen Ausdruck in einer Schadensersatzpflicht für die Schadensfolgen finden. Auch aus dem nachbarlichen Gemeinschaftsverhältnis ergebe sich eine Ausgleichspflicht in gewissem Umfang. Die Landwirtschaft müsse aber einen erheblichen Teil der Einwirkungen als durch die örtlichen Verhältnisse bedingt und daher rechtmäßig ohne Entschädigung hinnehmen.

Der BGH[159] hat die Rechtsprechung des Reichsgerichts übernommen und den Ausgleichsanspruch als auf einer erweiterten Auslegung des § 906 fußend charakterisiert. Er weist auf den Ausnahmecharakter des Anspruchs hin, der lediglich bei vernichtenden, den wirtschaftlichen Bestand eines Betriebes treffenden Einwirkungen einen Teil der Schäden der verursachenden Industrie auferlege.

In einer der letzten Entscheidungen[160] kennzeichnet der BGH den Anspruch als einen „Billigkeitsanspruch auf Teilentschädigung", der aus den dem Nachbarschaftsverhältnis entspringenden Pflichten zur gegenseitigen Rücksichtnahme abzuleiten sei, und läßt eine schwere Beeinträchtigung des wirtschaftlichen Fortkommens ausreichen.

Der Gesetzgeber hat dieser Rechtsprechung inzwischen durch eine am 1. Juni 1960 in Kraft getretene Gesetzesänderung Rechnung getragen.

Diese Rechtsprechung wird im Ergebnis zwar gutgeheißen, in der Begründung jedoch für bedenklich gehalten. Staudinger-Seufert[161] wendet sich dagegen, die Lösung in § 906 a. F. zu suchen, da diese Vorschrift

---

[158] RG 154, 161 (166); Staudinger-Seufert, § 906, Anm. 49.

[159] BGH 16, 366 (373).

[160] NJW 59, 1867 (1869).

[161] Staudinger-Seufert, § 906, Anm. 49; ebenso Hubmann, a. a. O., S. 490; Wolff-Raiser, S. 191, Anm. 21; Erman-Westermann, § 906, Anm. 4 b.

gerade versage, und meint, die Bezeichnung der Einwirkungen als rechtswidrig verstoße „gegen den Wortlaut und den juristischen guten Geschmack".

Von einer „Lücke im Gesetz[162]" konnte man in diesen Fällen des Ausgleichsanspruchs kaum sprechen, denn § 906 regelte das „nachbarliche Gemeinschaftsverhältnis" gerade in der Form, daß ortsübliche Beeinträchtigungen ohne Rücksicht auf ihre Schwere ersatzlos hingenommen werden mußten. Es war auch nicht „ein an sich bestehender Abwehranspruch aus besonderen Gründen ausgeschlossen". Es handelte sich hier in Wahrheit um einen Anspruch, der praeter bzw. contra legem entwickelt worden war und für den als gesetzliche Stütze nur § 242 blieb[163].

d) Ersatz bei Eingriffen in andere subjektive Rechte als das Eigentum

Eine entsprechende Anwendung des § 904 auf Eingriffe in andere subjektive Rechte wird im Schrifttum mit zutreffenden Gründen befürwortet, weil die Konfliktssituation hier genau die gleiche sein kann[164].

e) Ersatz bei Schädigungen auf Grund übergesetzlichen Notstandes

Der vom Strafrecht[165] entwickelte Rechtfertigungsgrund des „übergesetzlichen Notstandes" hat mit Recht auch in das Zivilrecht Eingang gefunden und entsprechend § 904, 2 wird ein Schadensersatzanspruch gegen den Eingreifer bei Verletzung von Rechten Dritter gewährt[166]. Mezger unterscheidet die unrechtsausschließende Pflichtenkollision von dem Unrechtsausschluß nach dem Güterabwägungsprinzip (eigentlicher übergesetzlicher Notstand). Danach handelt nicht rechtswidrig, wer im Falle einer Pflichtenkollision die höhere oder gleichwertige Pflicht erfüllt, oder wer einem höherwertigen Gut ein geringerwertiges opfert.

Staudinger-Seufert[167] überträgt zutreffend diese Unterscheidung Mezgers ins Zivilrecht und läßt, soweit es sich um „Gutsnotstand" handelt, neben §§ 228 und 904 keine besondere Rechtfertigung eingreifen, weil diese Vorschriften als abschließende Regelung anzusehen sind. Dagegen

[162] So Staudinger-Seufert, § 906, Anm. 49.

[163] Erman-Westermann, § 906, Anm. 4 b; RGRK, § 906, Anm. 28.

[164] Erman-Westermann, § 904, Anm. 2; Palandt-Hoche, § 904, Anm. 1 b; Staudinger-Seufert, § 904, Anm. 4 für Vermögensrechte bejahend, für Persönlichkeitsrechte ablehnend; abweichend RGRK, § 904, Anm. 2.

[165] Mezger, a. a. O., S. 123 ff.

[166] Erman-Hefermehl, § 227, Anm. 2, 5; Staudinger-Seufert, § 904, Anm. 42; Staudinger-Coing, § 228, Anm. 25; Soergel-Siebert, § 228, Anm. 27; Enn.-Nipperdey, S. 1459; a. A. Esser, Schuldrecht, S. 193.

[167] § 904, Anm. 42.

soll die Pflichtenkollision auch bei einer Einwirkung auf Sachen einen Rechtfertigungsgrund darstellen. Das wichtigste Anwendungsgebiet für den übergesetzlichen Notstand dürfte bei Einwirkungen auf Leben, Gesundheit und Freiheit liegen.

3. Der „allgemeine bürgerlich-rechtliche Aufopferungsanspruch"

In allen in diesem Abschnitt erwähnten Fällen, mögen sie gesetzlich geregelt oder von Rechtsprechung und Schrifttum entwickelt sein, mag von Schadensersatz, Schadloshaltung, Entschädigung oder Teilentschädigung die Rede sein, handelt es sich um die gleiche Situation, daß nämlich zugunsten überwiegender Interessen Beeinträchtigungen hingenommen werden müssen, dafür aber Ersatz geschuldet wird; alle diese Ansprüche können als Aufopferungsansprüche bezeichnet werden. Es ist der gleiche Gedanke, der auch dem öffentlich-rechtlichen Aufopferungsanspruch zugrunde liegt.

Hubmann schließt nun daraus, es gebe nicht nur einen allgemeinen öffentlich-rechtlichen, sondern auch einen allgemeinen bürgerlich-rechtlichen Aufopferungsanspruch, den er folgendermaßen formuliert[168].

> Bei bestehender Interessenkollision darf das überwiegende Interesse durch Eingriff in das geringere verfolgt werden, soweit dies unbedingt erforderlich ist. Der Verletzte kann jedoch Entschädigung für das ihm dadurch auferlegte Sonderopfer verlangen.

a) Die Voraussetzungen des Anspruchs

Voraussetzung dieses bürgerlich-rechtlichen Aufopferungsanspruchs soll stets sein, daß die Schädigung durch einen Eingriff erfolgt ist, d. h. durch eine Verfolgung eigener Interessen unter bewußter oder wenigstens in Kauf genommener Verletzung fremder Rechte. Nicht genügen soll — wie im öffentlichen Recht —, daß der Geschädigte sich dem Sonderopfer lediglich nicht entziehen konnte, weil sonst der Aufopferungsanspruch zu einer allgemeinen bürgerlich-rechtlichen Gefährdungshaftung ausgeweitet würde, die abzulehnen sei[169]. Die Formulierung der Rechtsprechung, der Entschädigungsanspruch trete an die Stelle des im Einzelfall aus besonderen Gründen ausgeschlossenen Abwehranspruchs des Betroffenen, deutet nur scheinbar auf eine Beschränkung des Anspruchs hin, die sich aus der Rechtsprechung selbst aber nicht ergibt, und die auch nicht gerechtfertigt ist. Nicht die Untersagung des nach allgemeinem Recht gegebenen Abwehranspruchs begründet die Entschädigungspflicht, sondern das auferlegte und nicht abwendbare Sonderopfer. Deshalb ist eine Entschädigung auch dann geboten, wenn ein Abwehranspruch nach „allge-

---

[168] Hubmann, a. a. O., S. 492.
[169] Hubmann, a. a. O., S. 492.

meinen Regeln" nicht bestand, etwa weil bis zu dem schädigenden Ereignis noch kein Eingriff erfolgt ist, oder weil keine Wiederholungsgefahr besteht[170].

b) Der Aufopferungsanspruch bei rechtswidrigen schuldlosen und bei schuldhaften Schädigungen

In der Anwendung des Aufopferungsanspruchs auch auf Fälle rechtswidriger Schädigung folgt Hubmann der Rechtsprechung des BGH zum öffentlich-rechtlichen Aufopferungsanspruch, weil es „in der Tat nicht einzusehen sei, warum nur die rechtmäßige und nicht auch die rechtswidrige Aufopferung fremder Interessen zu einer Entschädigung verpflichten soll". Das ergebe sich schon aus § 904, denn wenn schon derjenige, der ein höherwertiges Gut durch Verletzung einer fremden Sache rette, dafür Ersatz leisten müsse, um wieviel mehr sei das angebracht, wenn ein geringeres Gut auf diese Weise gerettet würde, weil ein Irrtum über die Wertverhältnisse vorgelegen habe. So wird auch in der Literatur zutreffend zu § 904 eine Schadensersatzpflicht angenommen bei schuldlosem Irrtum über die Wertverhältnisse, d. h. bei einem rechtswidrigen Eingriff (mit argumentum a fortiori)[171]. Was nun rechtswidrig schuldhafte Schädigungen angeht, so hat Hubmann zunächst Zweifel, ob auch hier dem öffentlichen Recht zu folgen und ein Aufopferungsanspruch zu gewähren sei, da diese wohl ausnahmslos von der Deliktshaftung erfaßt würden, die keinen gewollten Eingriff voraussetze. Trotzdem, so meint er, sei auch hier ein Aufopferungsanspruch zu gewähren, falls die Voraussetzungen eines Eingriffs vorlägen.

Diese Ausdehnung des Aufopferungsanspruchs ist auch für das bürgerliche Recht aus den bei der Erörterung der öffentlich-rechtlichen Ansprüche angeführten Gründen gerechtfertigt. Dem geschädigten Rechtsinhaber soll nicht durch Hinzutreten von Rechtswidrigkeit und Verschulden ein Anspruch abgeschnitten werden, sofern ein solcher bei Rechtmäßigkeit bestehen würde. Voraussetzung ist daher, daß eine Aufopferungslage, eine Interessenkollision bejaht und deshalb die schädigende Handlung vorgenommen wurde.

c) Die „Vorteilserlangung" als Schadenszurechnungsgrund

Irreführend ist es, wenn Hubmann den Gedanken des Vorteilsausgleichs in der Hauptsache als Grundlage des Aufopferungsanspruchs an-

---

[170] So auch Hubmann, a. a. O., S. 491; Meisner—Stern—Hodes, a. a. O., S. 628 mit umfangreichen Nachweisen aus der Rechtsprechung.

[171] Staudinger-Seufert, § 904, Anm. 34; Enn.-Nipperdey, S. 1458; Hueck, a. a. O., S. 229f.

sieht. An drei verschiedenen Stellen[172] spricht er davon, daß der, der durch Aufopferung fremder Interessen seine eigenen gefördert und einen Sondervorteil erlangt habe, zum Vorteilsausgleich, zur Entschädigung verpflichtet sei.

Bereits bei der Behandlung des öffentlich-rechtlichen Aufopferungsanspruchs ist die Frage erörtert, ob die Erlangung eines Vorteils, also die *erfolgreiche* Verfolgung eigener Interessen durch Beeinträchtigung fremder Voraussetzung des Aufopferungsanspruchs ist. Die Frage ist hier ebenso mit nein zu beantworten wie vorher. Nirgendwo in den von Hubmann herangezogenen, einen Aufopferungstatbestand regelnden Gesetzesvorschriften steht etwas von Vorteilserlangung und Vorteilsausgleich, sondern die Schadensersatzpflicht ist stets die Folge des rechtmäßigen Eingriffs ohne Rücksicht auf den Erfolg der Aktion. Dem Geschädigten darf nicht neben dem Opfer auch noch das Risiko des Erfolges der Interessenverfolgung des Schädigers auferlegt werden. Nach Hubmann wäre der Aufopferungsanspruch nicht dem Schadensersatz, sondern dem Bereicherungsrecht zuzuordnen, denn die Abhängigkeit des Anspruchs von dem durch den Schädiger Erlangten ist ein wesentliches Merkmal des Bereicherungsrechts. Maßgebend für den Aufopferungsanspruch ist jedoch gerade das Sonderopfer, die Einbuße; nicht Vorteile, sondern Nachteile sollen ausgeglichen werden.

d) Der Aufopferungsanspruch bei Verletzung von Persönlichkeitsrechten

Zutreffend dehnt Hubmann[173] dem öffentlichen Recht entsprechend den Aufopferungsanspruch auf Verletzungen von Persönlichkeitsgütern aus. Wenn sich die genannten Bestimmungen auch nur auf das Eigentum erstrecken, so müssen doch die im Impfurteil vom BGH ausgesprochenen Gedanken auch für den privatrechtlichen Schutz der Persönlichkeitsgüter gelten. Auch für das Gebiet des Privatrechts würde es den „hinsichtlich des Wertes und der Schutzwürdigkeit von Leben und Gesundheit des einzelnen bestehenden allgemeinen Rechtsanschauungen widersprechen, wenn ein Entschädigungsanspruch aus dem Gesichtspunkt der Aufopferung bei Eingriffen in das Vermögen zu gewähren wäre, aber bei einer sich für den einzelnen vielfach erheblich nachteiliger auswirkenden Verletzung der Gesundheit versagt sein würde, die zudem im allgemeinen auch wesentliche Vermögensschäden zur Folge hat". Es wäre in der Tat unerträglich, wenn für beschädigte Dachziegel, nicht aber für vernichtete Menschenleben Ersatz zu leisten wäre[174].

---

[172] Hubmann, a. a. O., S. 491 a. E., 493, VII und VIII.
[173] Hubmann, a. a. O., S. 491.
[174] Meisner—Stern—Hodes, S. 635.

e) Der Aufopferungsanspruch bei immateriellen Schäden

Anders als der BGH[175] will Hubmann[176] beim Aufopferungsanspruch auch eine Entschädigung für immaterielle Schäden, insbesondere Schmerzensgeld gewähren. Er meint, die Begründung des BGH, Schmerzensgeld sei in unserem Recht eine Ausnahme und werde nur dort gewährt, wo dem Verletzten eine Genugtuung seitens des Schädigers gebühre, möge für den Schadensersatz dem Willen des Gesetzgebers entsprechen; für den Aufopferungsanspruch aber, der sich gewohnheitsrechtlich entwickelt habe, könne nicht auf den Willen des Gesetzgebers abgestellt, sondern müsse die Frage nach dem Grundgedanken der Aufopferung entschieden werden. Eine Genugtuung werde bei rechtmäßigen Eingriffen zwar nicht geschuldet, aber es sei zu bedenken, daß der Aufopferungsanspruch in einer Vorteilsausgleichung bestehe. Wer durch Sonderopfer anderer einen Vorteil erlange, sei zur Entschädigung verpflichtet. Wo nun der erlangte Vorteil in Geldwerten bestehe, entspreche es der Gerechtigkeit, daß der Ausgleich ebenfalls in Geld erfolge, und zwar auch dann, wenn sich der Eingriff gegen ein Persönlichkeitsgut gerichtet habe.

Dieser Meinung Hubmanns ist im Ergebnis zuzustimmen, die Begründung überzeugt jedoch nicht.

Aus der Herrenreiter-Entscheidung[177], auf die sich Hubmann[178] beruft, ergibt sich nichts, denn hier wurde ein Anspruch nicht aus dem Gesichtspunkt der Aufopferung gewährt, sondern als Schadensersatzanspruch für eine rechtswidrige und schuldhafte Beeinträchtigung eines Persönlichkeitsrechts entsprechend § 847. Der BGH hat in dieser Entscheidung zwar den Schmerzensgeldanspruch erheblich erweitert, aber nicht in der Richtung, auf die es hier ankommt. Nicht auf Rechtswidrigkeit und Verschulden, also die Merkmale einer unerlaubten Handlung, hat der BGH verzichtet, sondern darauf, daß Schmerzen und „seelische Unlustgefühle[179]" adäquate Folgen einer unmittelbaren Körperverletzung, Gesundheitsbeschädigung oder Freiheitsentziehung sein müssen. Der Schadensersatzanspruch knüpft hier an eine „sonstige" Verletzung, nämlich eine Persönlichkeitsverletzung an, und die Entscheidung ist die Konsequenz aus der Anerkennung eines allgemeinen Persönlichkeitsrechtes.

Beim Aufopferungsanspruch ist nicht die Erlangung eines Vorteils, „der in Geldwerten besteht", Grundlage einer Entschädigungspflicht, sondern das ungleiche Sonderopfer, das dem einzelnen auf Grund einer tatsächlich gegebenen oder bloß angenommenen Aufopferungssituation auferlegt wurde. Diese Grundlage ist auch bei Schmerzen und immateriellen

[175] BGH 20, 61 (68).
[176] Hubmann, a. a. O., S. 493.
[177] BGH 26, 349 (Herrenreiter).
[178] Hubmann, a. a. O., S. 493.
[179] Zu diesen Fragen Münzel, NJW 60, 2025 ff.

Schäden vorhanden und rechtfertigt und gebietet auch hier einen Ausgleich. Es widerspricht einer wertmäßig richtigen Einordnung der Rechtsgüter, wenn geringfügige Vermögensbeeinträchtigungen ausgeglichen werden, für schwerste Körperschäden dagegen — sofern diese nicht Vermögensnachteile zur Folge haben — kein Ersatz geleistet wird.

Auf die im Zivilrecht gesetzlich geregelten Aufopferungsfälle kann man sich zur Begründung der Ablehnung eines Schmerzensgeldanspruchs nicht berufen, da diese sich nur auf Eingriffe in vermögenswerte Rechte, primär das Eigentum, und nicht auf immaterielle Schäden beziehen.

f) Die Begrenzung des allgemeinen bürgerlich-rechtlichen Aufopferungsanspruches und sein Verhältnis zu den übrigen Aufopferungstatbeständen

Die angeführten speziellen gesetzlich geregelten und von der Rechtsprechung entwickelten Aufopferungstatbestände sind von dem allgemeinen bürgerlich-rechtlichen Aufopferungsanspruch zu unterscheiden. Soweit Spezialregelungen vorhanden sind, die besondere Voraussetzungen enthalten und sich auf bestimmte Situationen beziehen, ist der allgemeine Aufopferungsanspruch ausgeschlossen. Die vom Gesetz gewollte detaillierte Regelung der einzelnen Fälle darf nicht durch Anerkennung eines alles umfassenden Anspruchs gegenstandslos gemacht werden. So läßt z. B. § 904 nicht ein „überwiegendes Interesse" als Voraussetzung für die Zulässigkeit eines Eingriffs ausreichen, sondern es ist erforderlich, daß ein im Vergleich zu dem durch den Eingriff angerichteten Schaden „unverhältnismäßig großer" Schaden droht[180].

Eingriffsrecht und Entschädigungspflicht werden von Hubmann nicht genügend getrennt. Weil in zahlreichen Fällen eine Entschädigungspflicht bei rechtmäßigen Eingriffen anerkannt ist, kann eine solche als Regel angenommen werden, wenn nicht aus besonderen Gründen eine Haftung ausgeschlossen ist[181] (etwa bei § 228). Ob aber eine Schädigung zulässig ist, hängt von einem entsprechenden Rechtfertigungsgrund ab. Es kann keinesfalls im bürgerlichen Recht für zulässig erachtet werden, daß schlechthin bei bestehender Interessenkollision das überwiegende Interesse durch Eingriff in das geringere verfolgt wird. Die Interessenkollision muß vielmehr eine besondere, spezielle sein. Dabei ist vom Anwendungsbereich des bürgerlich-rechtlichen Aufopferungsanspruchs auszugehen. Ein solcher Anspruch besteht, wenn einem Betroffenen ein Sonderopfer auferlegt worden ist, ohne daß etwa ein nach allgemeinen Regeln an sich gegebener

---

[180] Bei einem Irrtum über das Verhältnis des drohenden zu dem zu seiner Abwendung anzurichtenden Schadens besteht „erst recht" eine Schadensersatzpflicht entsprechend § 904 (argumentum a fortiori, Staudinger-Seufert, § 904, Anm. 34). Daneben ist bei Verschulden § 823 anwendbar.

[181] Enn.-Nipperdey, S. 1345.

Abwehranspruch aus besonderen Gründen entzogen sein müßte[182]. Die Auferlegung eines solchen Sonderopfers können allerdings nicht beliebige „überwiegende" *Privat*interessen rechtfertigen, sondern es muß sich wenigstens mittelbar um Interessen der *Allgemeinheit*, um eine Förderung des Gemeinwohls handeln. So handelt es sich in allen Fällen, in denen Entschädigungsansprüche gewährt wurden, die als bürgerlich-rechtliche Aufopferungsansprüche anzusehen sind, um Schäden, die durch im öffentlichen Interesse geführte lebensnotwendige oder volkswirtschaftlich bedeutsame Betriebe oder gemeinnützige Unternehmen, z. B. Eisenbahn, Rohrpost, Wasserwerk, Sprengstoffabrik, Autobahn, U-Bahnbau, Chemische Fabrik[183], herbeigeführt wurden. In keinem Falle wurde bei Verfolgung rein privater Interessen eine Abwehrmöglichkeit für ausgeschlossen gehalten und ein Aufopferungsanspruch gewährt. Dem öffentlichen Recht gehören diese Fälle nur an, wenn der Hoheitsträger selbst unmittelbar die Schädigung vorgenommen hat, nicht dagegen, wenn er bloß den Betrieb duldet.

Im Zivilrecht stehen also die speziellen Aufopferungstatbestände, in denen der Aufopferungsgedanke zum Ausdruck gekommen ist, dem eigentlichen bürgerlich-rechtlichen Aufopferungsanspruch gegenüber. Dieser ist gegeben, wenn wegen überwiegender öffentlicher Interessen Schädigungen, die nicht vom Hoheitsträger selbst zugefügt werden, ohne Abwehrmöglichkeit hingenommen werden müssen.

4. Zusammenfassung

Auch im Privatrecht nimmt der Gedanke der Aufopferungsentschädigung einen breiten Raum ein und kommt sowohl in Gesetzestatbeständen als auch in einem „allgemeinen bürgerlich-rechtlichen Aufopferungsanspruch" zum Ausdruck. Dieser muß gegenüber jenen zurücktreten, damit nicht die detaillierten Regelungen durch Anerkennung eines umfassenden Anspruchs gegenstandslos werden. Der eigentliche bürgerlich-rechtliche Aufopferungsanspruch ist dann gegeben, wenn ein Betroffener aus besonderen Gründen genötigt ist, Schäden hinzunehmen, die ihn im Verhältnis zur Allgemeinheit ungleich belasten. Solche „besonderen Gründe" sind nur dann anzunehmen, wenn wenigstens mittelbar die Interessen der Allgemeinheit und das Gemeinwohl gefördert werden sollen. Dem öffentlichen Recht gehören diese Fälle nicht an, weil der Hoheitsträger die Beeinträchtigungen nicht selbst vornimmt, sondern sie bloß zuläßt.

Im übrigen gelten für das Privatrecht die gleichen Grundsätze wie für das öffentliche Recht.

---

[182] vgl. S. 59 unten.

[183] Umfangreiche Nachweise bei Meisner—Stern—Hodes, a. a. O., S. 636, 637.

Schutz genießen nicht nur das Eigentum oder Vermögensrechte, sondern alle subjektiven Rechte; auch bei Verletzung von Persönlichkeitsrechten und für immaterielle Schäden ist ein Ausgleich zu leisten.

Rechtswidrigkeit der Beeinträchtigung und Verschulden schließen einen Aufopferungsanspruch nicht aus.

Die Vorteilserlangung ist nicht Anspruchsvoraussetzung, es muß nur mit Zielrichtung auf die Erlangung des erstrebten Vorteils (Förderung höherwertiger Interessen, angenommene Aufopferungslage) gehandelt worden sein.

B. Die Gefährdungshaftung im Privatrecht

1. Der Grundsatz der Verschuldenshaftung

Die Vorschriften des BGB über unerlaubte Handlungen gewähren dem Verletzten grundsätzlich nur dann einen Schadensersatzanspruch, wenn der Schaden durch ein rechtswidriges schuldhaftes Verhalten des Täters verursacht worden ist.

In einigen Fällen wird dem Geschädigten der Nachweis eines Verschuldens erspart und eine entsprechende widerlegbare Schuldvermutung normiert (§§ 830 I, 2; 831, 832, 833, 2; 834; 836 und 838)[184]. Darüber hinaus besteht gemäß §§ 833 und 829 sogar bei nachweislich fehlendem Verschulden eine Ersatzpflicht.

2. Die Unzulänglichkeit des Verschuldensgrundsatzes

Die Beschränkung der Haftung auf rechtswidrige schuldhafte Handlungen entsprach der zur Zeit der Schaffung des BGB herrschenden individualistischen und liberalistischen Wirtschafts- und Rechtsordnung[185]. Ein brauchbares Schadensersatzrecht hat jedoch nicht nur die Haftung für schuldhafte Handlungen zu regeln, sondern darüber hinaus für eine gerechte Verteilung des durch ein an sich rechtmäßiges Verhalten entstandenen Schadens zu sorgen. Die fortschreitende Entwicklung der Technik und des Verkehrs läßt viele Risiken und Gefahren entstehen, denen der einzelne, sofern er überhaupt am Leben teilnehmen will, ausgesetzt ist, ohne sich hinreichend gegen Schäden schützen zu können. Viele der heute entstehenden Schäden sind Unfallschäden, die auf besondere Betriebsgefahren erlaubter industrieller Anlagen oder technischer Einrichtungen (Automation) zurückzuführen sind. Es ist die Frage, ob solche Schadens-

---

[184] ERMAN-DREES vor § 823, Anm. 1 c.

[185] ENN.-LEHMANN, § 920.

fälle es nicht notwendig machen, sich von der Deliktshaftung des BGB zu lösen und neue Schadenszurechnungsgründe zu suchen und Haftpflichttatbestände zu schaffen. Man erkannte mehr und mehr, daß außer rechtswidrig schuldhaftem Verhalten noch andere Gründe eine nach Deliktsgrundsätzen auszugestaltende Schadensersatzpflicht fordern, so namentlich die zur Verursachung hinzutretende Gefährdung durch rechtmäßiges, aber mit typischen Gefahren verbundenes Verhalten[186].

3. Die Aufgabe der Gefährdungshaftung

Sinn der Gefährdungshaftung ist es, gewisse Zwangsrisiken von dem ihnen schutzlos preisgegebenen einzelnen abzuwenden. Unter Gefährdungshaftung versteht man Fälle einer außervertraglichen Haftung ohne Verschulden, deren Berechtigung herkömmlicherweise mit einer außerordentlichen Gefahr der benutzten Anlage begründet wird[187].

Eine solche Gefährdungshaftung ist bisher vom Gesetzgeber nur für Einzelfälle anerkannt worden. Allen gesetzlich geregelten Fällen der Gefährdungshaftung liegt der gemeinsame Gedanke zugrunde, daß der, der durch ein rechtmäßiges, aber gefährliches Verhalten andere, die sich dieser Gefahr zwangsläufig ohne Abwehrmöglichkeit aussetzen müssen, schädigt, für diesen Schaden auch ohne Verschulden einzustehen hat[188].

4. Die normierten Gefährdungstatbestände

Der Grundsatz der Gefährdungshaftung ist, wenn auch in verschiedenem Umfang, bisher in den §§ 833 BGB, 26 ff. BJagdG, in den Tatbeständen der Haftpflichtgesetze für Eisenbahnbetriebsunternehmer, Inhaber von Energieanlagen, Bergwerken und Steinbrüchen, im StVG für den Halter eines Kraftfahrzeuges, im Luftverkehrsgesetz für den Halter eines Luftfahrzeugs sowie im HGB, Binnenschiffahrtsgesetz, Flößgesetz und neuestens im Atomgesetz[189] gesetzlich anerkannt.

5. Inhalt und Umfang der Ansprüche

Inhalt, Umfang und Schuldner des Anspruchs ergeben sich aus den einzelnen Gesetzesvorschriften.

Die Beschränkung der Haftung auf Höchstbeträge, die in den meisten Gefährdungstatbeständen enthalten ist, stellt eine Einschränkung des Schutzes des Betroffenen dar, ist aber andererseits im Interesse des Ge-

---

[186] ENN.-LEHMANN, S. 920; ENN.-NIPPERDEY, S. 1341 f.; ERMAN-DREES, vor § 823, Anm. 2; ESSER, Schuldrecht, S. 222 und 933.

[187] ESSER, Gefährdungshaftung, S. 1.

[188] ENN.-LEHMANN, § 928; ENN.-NIPPERDEY, S. 1342.

[189] vom 23. 12. 1959, BGBl I, S. 814.

fährdenden erforderlich, dessen Risiko dadurch auf ein erträgliches Maß begrenzt und wirtschaftlich kalkulierbar wird.

Den Ausschluß des Ersatzes immaterieller Schäden, der sich aus § 253 und der gesetzlichen Regelung der Gefährdungstatbestände ergibt, versucht Esser[190] mit der Verteilungsaufgabe der Gefährdungshaftung zu begründen. Die Behandlung des Nichtvermögensschadens bleibe der rein verteilenden Gerechtigkeit unzugänglich, die dort mit ihren eigenen Grundsätzen nicht mehr auskomme, wo nichts mehr verteilt werden könne, sondern zur Linderung eines nicht mehr rückgängig zu machenden Schadens ein neuer zugefügt werden müsse.

Diese Begründung vermag nicht zu überzeugen. Es ist zwar richtig, daß ein immaterieller Schaden, besonders erlittene Schmerzen, nicht „rückgängig gemacht", d. h. durch Ersatzleistungen beseitigt werden kann, aber es wird in diesen Fällen durch eine substanzmäßig andere Leistung wenigstens ein Ausgleich geboten. Ein Unterschied in der von Esser geschilderten Art besteht zwischen beiden Ersatzleistungen nicht. Auch beim Ersatz materieller Schäden wird ein „neuer Schaden zugefügt", nämlich dem Schädiger wird eine Leistungspflicht und damit ein Vermögensopfer auferlegt.

Das Hinzutreten von Rechtswidrigkeit der Handlung und Verschulden schließt die Haftung auf Grund eines Gefährdungstatbestandes grundsätzlich nicht aus, sondern es treten dann andere Anspruchsgrundlagen neben die Gefährdungshaftung.

6. Keine allgemeine Gefährdungshaftung

Eine Ausdehnung des Gedankens der Gefährdungshaftung in Form einer Generalklausel auf alle Fälle, in denen jemand durch ein an sich berechtigtes, andere gefährdendes Verhalten diese schädigt, wird mit Recht abgelehnt[191]. Die Grenze zwischen gefährlichen und ungefährlichen Handlungen ist nicht eindeutig zu ziehen[192], und man wäre bald von einer reinen Verursachungshaftung nicht mehr weit entfernt. Vielfach stellt sich auch die Gefährlichkeit eines anfangs harmlos scheinenden Unternehmens erst im Laufe der Zeit durch die Häufigkeit von Schadensfällen heraus. Jede gesetzliche Einzelfallregelung bleibt andererseits notwendig lückenhaft; so erscheint es ungerechtfertigt, daß nach dem heutigen Gesetzesstande z. B. der Halter eines Pudels der Gefährdungshaftung unterliegt, ein Unternehmer, der mit hochexplosiven Stoffen und Gasen, mit Giften oder Bakterien arbeitet, dagegen nicht.

---

[190] Gefährdungshaftung, S. 108.

[191] RG 147, 353 (356); BGH 16, 366.

[192] Erman-Drees, vor § 823, Anm. 2a; Enn.-Nipperdey, S. 1343.

7. Die „Gefährdungshaftung" im Rahmen des Deliktsrechts

Auch außerhalb der Haftpflichttatbestände, der gesetzlich anerkannten Gefährdungshaftung, sucht die Rechtsprechung die auftretenden Probleme einer gerechten Schadenszuordnung zu lösen. Das geschieht vom Deliktsrecht her, indem durch Ausdehnung der sogen. Verkehrssicherungspflichten, erweiterte Sorgfaltsanforderungen und Erschwerung des Entlastungsbeweises für Hilfspersonen eine schuldlose, zufällige Schädigung zur unerlaubten Handlung, ein Unglück zum Unrecht gemacht wird[193]. Die Grundsätze der Verschuldenshaftung und des „casum sentit dominus" werden formell beibehalten, aber praktisch werden viele casus, d. h. unverschuldete Schäden, durch eine Schuldfiktion auf jemanden — z. B. den Verursacher — abgewälzt, dem man eine Ersatzpflicht billigerweise aufbürden zu müssen glaubt.

a) Verschärfte Verkehrssicherungspflichten und Sorgfaltsmaßstäbe

Die Sorgfaltspflichten und ihre Verletzung werden vielfach nachträglich aus dem Eintritt des Schadens ermittelt; wenn der Schaden eingetreten ist, kann man leicht erkennen, wie er hätte verhindert werden können. Das Unterlassen der entsprechenden ‚nachträglich als notwendig erkannten Maßnahmen zur Verhinderung des Schadens wird dem Betreffenden zum Vorwurf gemacht. Eine solche ex-post-Beurteilung ist unzulässig, sie widerspricht dem § 276 BGB[194]. Wenn man die Anforderungen nicht mehr von einem normalen Standpunkt und den Vorwurf nicht mehr vom Voraussehbaren schlechthin abhängig macht, sondern beides von dem nach dem Schadensfall und -ausmaß als „notwendig" Erkannten her bestimmt, gibt man das Culpaprinzip auf. Richtigerweise muß die Beurteilung rückblickend aus der Situation des Schädigers vor Eintritt bzw. bei Verursachung des Schadens erfolgen.

b) Der Schadenseintritt als Indiz für Organisationsmängel

Bei der Haftung für Organe und Verrichtungsgehilfen werden die Sorgfaltspflichten ebenso ausgedehnt[195]. Für Großbetriebe ist zwar der sogenannte dezentralisierte Entlastungsbeweis zulässig, indes wird vielfach aus dem Unfallereignis selbst ein Organisationsmangel abgeleitet. Ein andauernder unentdeckter Gefahrenzustand gilt als Beweis für organisatorische Mängel[196]. Daher bedarf es oft bei einer Haftung aus § 31

---

[193] ERMAN-DREES, vor § 823, Anm. 2 a; ESSER, Gefährdungshaftung, S. 35 ff

[194] GEIGEL, a. a. O., S. 20; ESSER, Schuldrecht, S. 868.

[195] ESSER, Gefährdungshaftung, S. 35 ff.

[196] ESSER, Schuldrecht, S. 882 f.; ERMAN-DREES, § 831, Anm. 7 f.; RGRK, § 831, Anm. 29.

gar nicht der näheren Bezeichnung eines Verantwortlichen, weil die Haftung ebenso eintritt, wenn ein entsprechendes spezielles Organ nicht bestellt war. Die Gehilfenhaftung wird so der Gefährdungshaftung angenähert.

8. Die Kritik Essers

Gegen diese Praxis wendet sich Esser, der sich wohl am eingehendsten um systematische Einordnung und dogmatische Durchdringung und Begründung der Gefährdungshaftung bemüht hat. Er weist an Beispielen[197] nach, daß außergewöhnliche Schäden auf Grund eines besonderen Anstaltswagnisses, die als regelrechte Unfälle anzusehen sind und in denen niemandem ein Verschulden zur Last gelegt werden kann, durch übersteigerte Sorgfaltspflichten in den Rahmen des Deliktsrechts gepreßt werden. In einem Fall, in dem Freibankfleisch fünf Stunden gekocht worden war — weit länger, als nach der entsprechenden Vorschrift geboten — hat das Gericht entschieden, wenn eine Infektion durch das Fleisch feststehe, nutze es nichts, wenn der Beklagte alle Vorschriften beachtet habe, denn dann hätten diese Maßnahmen eben im Einzelfall nicht ausgereicht. Der Einwand mangelnden Verschuldens wurde damit ausgeräumt, daß der, der es wage, Fleisch von erkrankten Tieren zu verkaufen, für ein derart aufs äußerste erhöhtes Maß von Sorgfalt hafte, daß ihn nicht einmal die Befolgung gesundheitspolizeilicher Vorschriften allein entlaste. Mit Recht weist Esser[198] darauf hin, daß man ebensogut sagen kann: Wer notorisch infiziertes, wenn auch nach den vorhandenen Möglichkeiten keimfrei gemachtes Fleisch von kranken Tieren kauft, trägt die Gefahr für trotzdem eintretende außergewöhnliche Schäden selber. Hier darf an den Wandel in der Rechtsprechung erinnert werden, die heute auf dem Standpunkt steht, bei verkehrsrichtigem, also den einschlägigen Vorschriften entsprechendem Verhalten, sei nicht nur keine schuldhafte, sondern nicht einmal eine rechtswidrige Schädigung gegeben.

9. Die Grundlagen der Gefährdungshaftung

Sucht man nach Grundlagen und Rechtfertigung der Gefährdungshaftung, so lassen sich diese in drei verschiedene Gruppen einteilen:

a) Verursachung auf Grund einer Willensentscheidung des Schädigers,
b) Gesichtspunkte des Vorteilsausgleichs, wie ihn Hubmann versteht, d. h. daß *dem* die Lasten eines bestimmten Verhaltens aufzuerlegen sind, der die Vorteile daraus zieht, und der Billigkeit, die in dieser Verteilung ihren Ausdruck findet,

---

[197] Esser, Gefährdungshaftung, S. 23 ff.
[198] Gefährdungshaftung, S. 29.

c) der Zwang zur Duldung und Hinnahme der Gefährdung für den Geschädigten.

a) Die Verursachung

In den Normalfällen der Gefährdungshaftung handelt es sich um unverschuldete Schäden, um Unfälle, aber nicht um reine Zufälle, die völlig unerwartet und generell unvorhersehbar eintreten, sondern um Schäden, die als typische Folgen eines gefährlichen Verhaltens anzusehen sind.

Wenn ein Kraftfahrzeug vom Blitz getroffen und der Fahrer getötet wird, und dieses nun führerlos schleudernd einen Menschen tötet, so ist dieser Schaden ein zufälliger und keine typische Folge des Autofahrens. Dasselbe gilt, wenn ein Baum bei einem Sturm entwurzelt wird und einen darunter stehenden Menschen erschlägt, denn es ist nicht das typische Schicksal eines Baumes, vom Sturm entwurzelt zu werden und dadurch Menschen zu töten. Anders ist der Tod eines Menschen zu beurteilen, der durch ein infolge Reifendefekts ins Schleudern geratenes Kraftfahrzeug verursacht worden ist. Hier ist der Schaden eine typische Folge des Autofahrens.

Esser[199] meint, bei der Verteilung der „Unglücksschäden", die aus der Gefahrenlage entstehen, sei eine Wahl zwischen zwei gleich Unschuldigen erforderlich, und das sei eine Aufgabe der distributiven, nicht der kommutativen Gerechtigkeit.

Dieser Ausgangspunkt ist insoweit richtig, als weder den Schädiger noch den Geschädigten ein Verschulden trifft. Mögen zwar beide unschuldig sein, so ist es aber doch die Frage, ob beide im gleichen Umfang unverantwortlich sind. Zunächst ist zu beachten, daß die Schädigung nicht von einem Verhalten des Geschädigten ausgeht, sondern von einem fremden, nämlich einem Verhalten des Schädigers. Mit der Verursachung ist ein erster Anknüpfungspunkt für die distributive Gerechtigkeit gegeben; auch die reine Verursachung ist als Schadenszurechnungsgrund brauchbar, denn der schuldlose Verursacher steht dem Schaden näher als das schuldlose Opfer[200].

Die Verursachung allein reicht als Schadenszurechnungsgrund nicht aus, denn eine reine Kausalhaftung ist als unerträglich abzulehnen; eine solche würde jede Entschlußfreudigkeit des Menschen lähmen. Das Erfordernis der Adäquanz des Schadens kann die Haftung nur ungenügend eindämmen. Bei der Gefährdungshaftung ist die Verursachung indes eine besondere, eine qualifizierte, weil die Willensentscheidung des Schädigers bei Schaffung der Gefahrenlage einen späteren Schaden mit umfaßt. Mit Recht weist Esser[201] darauf hin, daß der Unternehmer eines mit Wag-

[199] Esser, Gefährdungshaftung, S. 33.
[200] Reinhardt, AcP 148, 151, 154.
[201] Esser, Gefährdungshaftung, S. 33.

nissen verbundenen Betriebes seinem Entschluß zur Eröffnung des Betriebes die Überlegung der Risiken für sich und andere vorangestellt habe. Er wisse, daß nicht alle Schäden ausgeschlossen werden könnten. Der Wille bzw. bei nicht gewissenhafter Überlegung der Willensmangel umfasse also nicht den schädlichen Erfolg, sondern nur seine entfernte Möglichkeit. Der Unternehmer habe aber damit seine, wenn auch bedauernde, Hinnahme der mehr oder weniger wahrscheinlichen Schadensfolgen zu erkennen gegeben.

Wer also eine Gefahrenquelle schafft, entscheidet sich damit nolens volens zugleich auch für die eventuell eintretenden Schäden, auch wenn er hofft, daß keine Schäden eintreten. Dabei müssen eine objektive Beurteilung der gefährlichen Situation und die Erfahrung mit ähnlichen Sachlagen sowie die statistische Wahrscheinlichkeit von Schäden maßgebend sein. Ein Autofahrer kann sich nicht darauf berufen, er habe einen möglichen Schaden nicht in seine Willensentscheidung einbezogen.

Als Schuld kann man das Verhalten des Unternehmers oder Autofahrers nicht qualifizieren, denn Schuld erfordert Vorwerfbarkeit. Wenn die Gefährdung erlaubt ist, kann dem Verursacher der Gefährdung und des möglichen Schadens wegen seines gefährlichen Verhaltens kein Vorwurf gemacht werden. Die Erlaubnis der Gefährdung ist der Grund für die Befreiung des einzelnen vom Schuldvorwurf.

Zur Verursachung kommt hinzu, daß die Gefahrenquelle nicht lediglich durch einen einmaligen Akt geschaffen wird und dann herrschaftlos fortbesteht, sondern daß der Unternehmer sie unterhält und damit gleichsam ständig bewußt neu schafft, daß er Gewalt und Einwirkungsmöglichkeit hat, insbesondere die Möglichkeit der Eindämmung, wenn die Wahrscheinlichkeit eines Schadenseintritts wächst.

b) Die einheitliche Verteilung von Vorteilen und Schäden

Die zweite Säule, auf der die Gefährdungshaftung ruht, ist der Gedanke des Vorteilsausgleichs im Sinne einer einheitlichen Verteilung von Vorteilen und Nachteilen, von Nutzen und Lasten, Gewinn und Schäden. Esser[202] spricht zutreffend von der Grundeinsicht unseres Rechtsbewußtseins, daß man für Sonderrechte, die man genießt, durch Übernahme des hierbei entstehenden Unglücks aufzukommen hat. Sonderrechte sollen nur gegen Sonderpflichten gewährt werden. Der verteilenden Gerechtigkeit entspricht es, daß derjenige das Risiko eines Verhaltens trägt, dem die Früchte aus diesem Verhalten zufallen. Niemand soll auf fremdes Risiko einen gefährlichen Betrieb führen, denn seine Gefährdungshaftung ist nur als ein Teil seines Geschäftsaufwandes anzusehen[203].

---

[202] Gefährdungshaftung, S. 100.

[203] Enn.-Nipperdey, S. 1342.

Die Anwendung des Gedankens des Vorteilsausgleichs setzt nicht die Erlangung positiver Vorteile aus der gefährdenden Handlung voraus; ebensowenig kann berücksichtigt werden, daß die Gefährdung für den Verursacher, etwa den Inhaber des gefährlichen Betriebes, ausschließlich Nachteile erbracht hat. Der Halter eines Kraftfahrzeugs wird nicht dadurch von der Haftung frei, daß er selbst beim Unfall einen größeren Schaden erlitten hat als der von ihm Verletzte. Der Vorteil, der die Überwälzung des Risikos einer Haftung für unverschuldete Schäden rechtfertigt, besteht in der Zulässigkeit der Gefährdung. Die Erlaubnis des gefährlichen Betriebes bedeutet zwar kein Eingriffsrecht, aber ein Gefährdungsrecht, und auch dieses darf nicht ohne Ausgleichspflicht verliehen werden[204].

Der Billigkeit kommt die Funktion eines Haftungskorrektivs zu, das einem System der Schadensverteilung nach den gewährten Sonderrechten erst die erforderliche Elastizität gibt, damit der verteilenden Gerechtigkeit zu Hilfe kommt und dazu beiträgt, daß bei der Schadensverteilung die Gerechtigkeit verwirklicht wird. Lehmann[205] sagt mit Recht, auch bei Anerkennung des Gefährdungsgrundsatzes neben dem Verschuldensprinzip werde es immer noch Fälle geben, in denen ein billiger Schadensausgleich eine Ausdehnung der Haftung erfordere, wie auch umgekehrt oft eine Einschränkung der begründeten Haftung erforderlich sei. Seiner Forderung, den in § 829 ausgedrückten Gedanken durch eine allgemein gefaßte Billigkeitsklausel zu erweitern, kann allerdings nur mit Bedenken beigepflichtet werden. Dem Richter wäre dann zwar die Befugnis gegeben, bei der Bemessung einer Schadensersatzpflicht alle Umstände zu berücksichtigen, und man käme somit dem Ideal einer gerechten Schadensverteilung vielleicht näher. Eine Gefahr läge aber darin, daß eine gewisse Rechtsunsicherheit durch naturnotwendig unterschiedliche Ansichten über die Billigkeit heraufbeschworen würde.

c) Der Zwang zur Hinnahme der Gefährdung

Vom Gefährdeten und Geschädigten aus gesehen, bildet der „soziale Zwang[206]" zur Duldung der Gefährdung eine Rechtfertigung der Haftung. Wenn auch keine speziellen Individualverpflichtungen zur Hinnahme einer bestimmten Gefahrenlage bestehen und es dem einzelnen freisteht, den Gefahren auszuweichen und sich nach Möglichkeit vor Schäden zu schützen, so sind doch ein Ausweichen und ein wirksamer Schutz praktisch unmöglich. Wie soll der einzelne sich den Gefahren des

---

204 Esser, Gefährdungshaftung, S. 79, Anm. 2.

205 Enn.-Lehmann, S. 925.

206 Esser, Gefährdungshaftung, S. 90, 103; dagegen Reinhard, Gutachten, S. 277 ff., der die einheitliche Verteilung von Nutzen und Lasten in den Vordergrund rückt.

Kraftfahrzeugverkehrs wirksam entziehen? Grundlage und Rechtfertigung der Gefährdungshaftung bilden nicht so sehr Größe und Art der Gefahr als vielmehr der soziale Zwang zur Teilnahme an einem so geschaffenen Verkehr, das Fehlen jeder Gestaltungsmöglichkeit und jeden Abwehrrechts gegenüber dem erlaubten Gefährdungszustand; nicht das Gefahrenpotential, sondern der soziale Zwang zur Gefahrenhinnahme, die Duldungspflicht, sind entscheidend.

10. Die Rechtfertigung der herrschenden Praxis de lege lata

Essers Kritik an der Rechtsprechung mag dogmatisch berechtigt und de lege ferenda zu beachten sein, aber de lege lata ist der von der Rechtsprechung eingeschlagene Weg der einzige, der eine Verteilung der „Unglücksschäden" ermöglicht. Durch übersteigerte Organisations- und Verkehrssicherungspflichten, erweiterte Sorgfaltsanforderungen und Erschwerung der Entlastungsbeweise für Hilfspersonen ist ein — wenn auch theoretisch bedenkliches — Haftungssystem geschaffen, das weite Differenzierungsmöglichkeiten bietet, elastisch ist und dem Richter einen gewissen Spielraum gibt, Schäden billig und gerecht zuzuordnen, was Lehmann erst durch eine allgemeine Billigkeitsklausel erreichen will. Eine vernünftige Handhabung der Organisations- und Verkehrssicherungspflichten ist zulässig, geboten und praktikabel[207]. Die Verkehrssicherungspflicht entspringt nicht aus dem Eigentum, sondern ergibt sich daraus, daß jedermann, der eine eigene oder fremde, bewegliche oder unbewegliche Sache derart benutzt, daß durch die Benutzung ein Dritter gefährdet werden kann, die aus § 823 abgeleitete Pflicht hat, die Gefährdung von dritten Personen tunlichst abzuhalten[208]. Wie Wussow[209] zutreffend bemerkt, besteht nach dem Text des BGB die Verpflichtung, deren Verletzung als unerlaubte Handlung einen Schadensersatzanspruch begründet, lediglich darin, eine Körperverletzung oder Sachbeschädigung zu unterlassen. Gerade die Entwicklung der Technik hat aber gezeigt, daß man mit einer solchen Unterlassungspflicht nicht auskommt. Vielmehr erfordert diese Pflicht bei Schaffung einer erhöhten Gefahrenlage die Erfüllung positiver Sicherungspflichten. Die Rechtsprechung hat nachgeholt, was der Gesetzgeber übersehen hat, sie hat dem § 823 noch einen Absatz vorangestellt: Wer durch sein Tun eine Gefahrenlage schafft, ist jedem Dritten gegenüber verpflichtet, die zur Abwendung von Schäden erforderlichen Sicherungsvorkehrungen zu treffen. Inhalt und Umfang der anzuwendenden Sorgfalt und der zu treffenden Maßnahmen richten sich nach

---

[207] Vgl. Esser, Schuldrecht, S. 868, der sich lediglich dagegen wehrt, daß durch fingierte Unrechts- und Schuldfeststellungen absolute Einstandspflichten und damit neue Gefährdungstatbestände geschaffen werden.

[208] Geigel, a. a. O., S. 179.

[209] Haftpflichtrecht, S. 8.

den Umständen des Einzelfalles[210]. Eine vollkommene Verkehrssicherung, die jeden Unfall ausschließt, ist nicht zu erreichen und wird auch nicht verlangt[211]. Umfangreiche Sicherungsvorkehrungen behindern stark und verursachen hohe Kosten. Es ist erforderlich, aber auch ausreichend, daß nach dem Stand der Erfahrungen und entsprechend dem Umfang und Ausmaß der möglichen Schädigung alles geschieht, was vernünftigerweise geschehen kann[212].

Die wirtschaftliche Leistungsfähigkeit des Sicherungspflichtigen, die Geigel[213] mit berücksichtigen will, muß jedoch außer Betracht bleiben. Wer eine Gefahrenlage schafft, kann sich nicht darauf berufen, er sei wirtschaftlich zu den objektiv notwendigen Sicherungsmaßnahmen nicht in der Lage. Ein wirtschaftlich Schwacher darf sich eben nicht an große gefährliche Objekte heranwagen, zu deren Absicherung ihm die notwendigen Mittel fehlen. Ein Parallelfall kann in dem sogenannten Übernahmeverschulden[214] gesehen werden: Wer eine bestimmte Tätigkeit übernimmt, kann sich nachher nicht darauf berufen, die Aufgabe habe seine persönlichen Fähigkeiten überstiegen.

In den positiv-rechtlichen Schadensersatzbestimmungen einschließlich Gefährdungshaftung und in der Ausdehnung der Verkehrssicherungs- und Sorgfaltspflichten kann ein großes, geschlossenes System des Schadensersatzrechts gesehen werden, das zur Zeit keine Lücken aufweist, so daß für eine Anerkennung einer weiteren Gefährdungshaftung bei dem heutigen Stand von Technik und Verkehr kein Bedürfnis besteht[215].

Daß bei der „unechten" Gefährdungshaftung im Rahmen des Deliktsrechts dem Schädiger „Unrecht" vorgeworfen wird, kann als notwendiges und kleineres Übel in Kauf genommen werden. Diese Praxis bleibt jedoch zumindest ein dogmatischer Schönheitsfehler, und man sollte versuchen, diese Haftungsfälle aus dem Bereich der Vorschriften über Schadensersatz für vorwerfbares Tun zu lösen. Dazu müßte allerdings die Rechtswissenschaft dem Gesetzgeber zunächst den Weg ebnen, was im Rahmen dieser Arbeit nur als Problem aufgezeigt werden konnte.

11. Zusammenfassung

Sinn der Gefährdungshaftung ist es, gewisse Zwangsrisiken vom einzelnen, der diesen schuldlos preisgegeben ist, abzuwenden und einen Aus-

[210] So Wussow, a. a. O., S. 8.
[211] Geigel, a. a. O., S. 181.
[212] Geigel, a. a. O., S. 181.
[213] Geigel, a. a. O., S. 181.
[214] Zum Begriff vgl. Enn.-Nipperdey, S. 1308 f., 1325; Erman-Groepper, § 276, Anm. e, f.
[215] So auch Rinck, Gefährdungshaftung, S. 16.

gleich für solche Schäden zu schaffen, die die typischen Folgen eines rechtmäßigen, aber gefährlichen Verhaltens sind.

Grundlagen und Rechtfertigung der Gefährdungshaftung bilden folgende Momente:

a) Die Verursachung des Schadens auf Grund einer Willensentscheidung des Schädigers
b) Eine gerechte und billige Zuordnung von Vorteilen und Nutzen einerseits und Nachteilen und Schäden andererseits
c) Der für den Geschädigten bestehende Zwang zur Duldung und Hinnahme der Gefährdung.

Eine allgemeine Gefährdungshaftung kennt das bürgerliche Recht nicht, sondern nur ein System von Einzeltatbeständen, weil eine eindeutige Abgrenzung der gefährlichen von den ungefährlichen Handlungen nicht möglich ist und eine allgemeine Gefährdungshaftung im Laufe der Zeit zu einer reinen Verursachungshaftung führen könnte, die unserem auf dem Verschuldensprinzip aufgebauten Schadensersatzrecht fremd ist.

Im Rahmen des Deliktsrechts wird jedoch durch Ausdehnung der Verkehrssicherungspflichten, erweiterte Sorgfaltsanforderungen und Erschwerung des Entlastungsbeweises für Hilfspersonen weitgehend eine vernünftige Schadensverteilung, besonders eine gerechte Zuordnung von Unglücksschäden aus gefährlichem Tun, erreicht. Diese Praxis ist dogmatisch ein Schönheitsfehler, den Wissenschaft und Gesetzgeber bald beseitigen mögen, aber sie ist de lege lata zur Zeit geboten und praktikabel.

C. Der Vergleich der Institute

1. Übersicht

Im Privatrecht sind mehrere Kategorien von Ansprüchen zu unterscheiden:

1. Bürgerlich-rechtliche Ersatzansprüche, die kraft Gewohnheitsrechts unter bestimmten Voraussetzungen auch bei fehlendem Verschulden bestehen,
   a) der eigentliche bürgerlich-rechtliche Aufopferungsanspruch bei Eingriffen, zu deren Duldung der Verletzte ausnahmsweise verpflichtet ist,
   b) der sogenannte „Ausgleichsanspruch", der heute in § 906 gesetzlich geregelt ist.
2. Spezielle Aufopferungstatbestände, die mit Ausnahme des übergesetzlichen Notstandes gesetzlich geregelt sind, §§ 868, 904, 906, 912, 917, 962, 26 GewO.

3. Schadensersatzansprüche aus Handlungen auf eigene Gefahr, in denen die Rechtsordnung Eingriffe gestattet, obwohl die Rechtmäßigkeit der Eingriffe noch nicht endgültig feststeht (provisorische Gerichtshilfe), oder in denen der Schädiger zwar rechtswidrig handelt, aber die Rechtswidrigkeit seines Verhaltens schuldlos nicht erkannt hat (§ 231).
4. Fälle der Gefährdungshaftung, die gesetzlich normiert sind.

Im Folgenden soll untersucht werden, inwieweit die genannten Ansprüche dem Aufopferungsanspruch oder der Gefährdungshaftung zuzurechnen sind.

Nach den Erörterungen im öffentlich-rechtlichen Teil, die auch für das Privatrecht gelten, ist eine Abgrenzung in der Weise vorzunehmen, daß ein Aufopferungsanspruch grundsätzlich gegeben ist:

1. Bei Schäden, die der Handelnde beabsichtigt oder wenigstens billigend in Kauf genommen hat.
2. Bei Schäden, die naturnotwendig mit einer rechtmäßigen Handlung verbunden sind ohne Rücksicht auf die subjektive Einstellung des Schädigers.

Gefährdungshaftung ist anzunehmen, wenn aus einem zulässigen Verhalten typische, unvermeidbare, in gewissem Umfang voraussehbare Schäden entstehen, ohne daß dem Schädiger ein Schädigungsrecht zusteht.

2. Der bürgerlich-rechtliche Aufopferungsanspruch

Der eigentliche allgemeine bürgerlich-rechtliche Aufopferungsanspruch geht von den Grundsätzen der Unantastbarkeit und des umfassenden Schutzes der absoluten Rechte aus, wie sie in den §§ 903 und 1004 zum Ausdruck gekommen sind. Er will einen Ausgleich schaffen, wenn der Rechtsinhaber aus besonderen Gründen zur Duldung von Beeinträchtigungen verpflichtet oder ihm jedenfalls praktisch die Möglichkeit genommen ist, einen Schaden abzuwehren.

In den angeführten Fällen[216] fehlt es regelmäßig an einer bewußten und gewollten oder auch nur billigend in Kauf genommenen Schädigung; manchmal sind allerdings die Schäden die naturnotwendige Folge eines bestimmten Verhaltens (z. B. Beeinträchtigung des Grundwasserspiegels durch U-Bahnbau).

Beim Betrieb einer Eisenbahn sind Schäden durch Lärm, Ruß und Rauch naturnotwendig und daher dem Aufopferungsanspruch, Brandschäden durch Funkenflug dagegen höchstens unvermeidbar und daher der Gefährdungshaftung zuzurechnen.

Auch der Bienenfall[217], in dem der BGH den bürgerlich-rechtlichen Aufopferungsanspruch besonders klar herausgestellt hat, wäre bei Ge-

[216] vgl. S. 64.
[217] BGH 16, 366 ff.

währung eines Ersatzanspruchs der Gefährdungshaftung zuzurechnen, weil das Spritzen der Kirschbäume mit Pflanzenschutzmitteln lediglich gefährlich für schwärmende Bienen war, aber Schädigungen weder notwendig waren noch billigend in Kauf genommen wurden. Es ist denkbar, daß die Bienen durch Regen am Ausfliegen gehindert wurden und die Giftstoffe zugleich abregneten.

Bemerkenswert ist, daß die Fälle, in denen die Rechtsprechung früher einen Aufopferungsanspruch gewährt hat, z. B. Eisenbahn- und Flugzeugschäden, heute, nachdem der Gesetzgeber der Rechtsprechung gefolgt ist und entsprechende Schadensersatzansprüche normiert hat, mit größter Selbstverständlichkeit der Gefährdungshaftung zugerechnet werden und ihr auch tatsächlich zuzurechnen sind, weil die Schäden nicht bewußt und gewollt herbeigeführt werden und nicht naturnotwendig sind.

3. Der Ausgleichsanspruch

Der von der Rechtsprechung zu § 906 entwickelte und in dieser Vorschrift inzwischen gesetzlich geregelte sogenannte „Ausgleichsanspruch" ist überwiegend dem Aufopferungsanspruch zuzuordnen, weil Schäden der Landwirtschaft naturnotwendig mit einer bestimmten Art von Industriebetrieben verbunden sind (z. B. durch Rauchentwicklung, giftige Abgase und Abwässer). Solche Betriebe stellen jedoch auch stets eine außergewöhnliche Gefahrenlage dar, weil jederzeit infolge unglücklicher Umstände größere Schäden eintreten können; darüber hinaus zwingt die ständig fortschreitende technische und wirtschaftliche Entwicklung jeden Betrieb zu Experimenten, deren Folgen nicht in ihrem ganzen Umfang überschaubar sind. Eine und dieselbe Beeinträchtigung kann in bestimmten Grenzen naturnotwendig und darüber hinaus bloß unvermeidbar sein. Schäden, die durch eine nicht naturnotwendige, aber unvermeidbare übermäßige Abgasentwicklung entstehen, gehören der Gefährdungshaftung an. Sie stellen eine nicht billigend in Kauf genommene, aus einem rechtmäßigen Handeln entstandene, aber von der Rechtsordnung nicht gebilligte Beeinträchtigung dar.

4. Die speziellen Aufopferungstatbestände

Innerhalb der speziellen Aufopferungstatbestände bestehen erhebliche Unterschiede hinsichtlich des direkten Eingriffsrechts. Ein solches wird nur in den §§ 904, 906, 962, 26 GewO und beim übergesetzlichen Notstand im Rahmen des zur Interessenverfolgung Notwendigen gewährt. Der Handelnde darf in fremde Rechte eingreifen, Schäden bewußt und gewollt verursachen und Handlungen vornehmen, die naturnotwendig oder auch bloß unvermeidbar zu Schädigungen des Betroffenen führen.

Der Begriff der Einwirkung z. B. bei § 904 setzt ein bewußtes Handeln voraus. Die Einwirkung kann eine unmittelbare oder mittelbare sein, sie kann im Zerstören, Beschädigen oder bloßen Gebrauch einer fremden Sache bestehen; erforderlich ist nur eine Ursächlichkeit für den Schaden, die zu verneinen ist, wenn nicht die Notstandshandlung, z. B. die Schleusenöffnung, sondern ein Naturereignis, z. B. ein Wolkenbruch, den Schaden herbeigeführt hat[218]. Die genannten Vorschriften setzen nicht eine bestimmte Art der Schädigung im Sinne einer Unterscheidung von Aufopferungsansprüchen und Gefährdungshaftung voraus, sondern die Ersatzpflicht besteht für die entstehenden Schäden ohne Rücksicht darauf, ob die Schädigung bewußt und gewollt erfolgte, eine naturnotwendige Folge der zulässigen Interessenverfolgung, eine lediglich unvermeidbare oder sogar eine vermeidbare Folge war.

Wer einen fremden Kahn gemäß § 904 benutzt, um einen Ertrinkenden zur Hilfe zu kommen, haftet auch für Schäden, die unvermeidbar und unvorhersehbar bei der Rettungsaktion entstehen.

Diese Fälle regeln somit Tatbestände der Aufopferung wie der Gefährdungshaftung.

Das gleiche gilt für Schädigungen bei übergesetzlichem Notstand, da die Ersatzpflicht aus § 904, 2 abzuleiten ist. Es muß Schadensersatz geleistet werden, gleichgültig, ob der Schaden unmittelbar bewußt und gewollt herbeigeführt wird, oder ob durch die Notstandshandlung nur eine Gefahrenlage geschaffen wird, aus der die Schäden dann „zufällig“ entstehen.

Die §§ 867 und 917 gestatten dem „besser Berechtigten“ keinen direkten unmittelbaren Eingriff, sondern geben nur einen Anspruch auf Gestattung einer Einwirkung gegenüber dem Rechtsinhaber. Falls dieser nicht zur Gestattung bereit ist, muß zunächst ein Urteil erwirkt werden.

Die Duldungspflicht ist im Ergebnis die gleiche wie in den vorgenannten Fällen, wenn auch zunächst ein gerichtliches Verfahren vorgeschaltet ist.

Der verfolgende Besitzer ist gemäß § 867, 2 zum Ersatz „des durch die Aufsuchung und die Wegschaffung entstandenen Schadens“ verpflichtet, gleichgültig, ob der Schaden bewußt und gewollt oder nur versehentlich herbeigeführt worden ist, ob also eine Aufopferungslage oder eine bloße Gefährdung vorlag.

Die Rente, die im Falle des § 917 zu zahlen ist, ist kein Schadensersatz, sondern eine Nutzungsentschädigung, ein Ausgleich für die Duldungspflicht des Eigentümers, und dieser Anspruch besteht unabhängig von irgendwelchen konkreten Schäden. Für die üblichen Nachteile, die mit der Benutzung des Notweges durch den Berechtigten dem Eigentümer entstehen, wird die Nutzungsentschädigung geleistet. Ein weiter-

---

[218] ERMAN-WESTERMANN, § 904, Anm. 2; RGRK, § 904, Anm. 4.

gehender Schadensersatz kann nur nach den allgemeinen Vorschriften geltend gemacht werden. Um einen Aufopferungstatbestand handelt es sich deshalb, weil dem Grundstückseigentümer für ein aufgezwungenes Sonderopfer ein Ausgleich gewährt wird; von Gefährdungshaftung kann dagegen in diesen Fällen nicht gesprochen werden, weil keine allgemeine Ersatzpflicht hinsichtlich aller Schäden besteht, die bei der Benutzung des Notweges angerichtet werden.

§ 912 setzt eine nicht vorsätzliche, sogar eine nicht grob fahrlässige Beeinträchtigung eines fremden Grundstücks voraus, die der Eigentümer bei ihrer Entstehung nicht zu dulden brauchte, und gegen die er sich hätte wehren können. Wenn er das jedoch versäumt hat und der zunächst (in statu nascendi) rechtswidrige Zustand später (in statu prefectionis) geduldet werden muß, steht ihm als Ersatz ein Ausgleichsanspruch zu. In diesem Fall liegt weder ein „Eingriff" im strengen Sinne vor, noch besteht ein Eingriffsrecht, aber dennoch kann ein — atypischer — Aufopferungstatbestand angenommen werden, weil eine besondere Beeinträchtigung geduldet werden muß, der Beseitigungsanspruch ausnahmsweise ausgeschlossen ist und ein Ausgleichsanspruch an seine Stelle tritt.

5. Die Rechtswidrigkeit

Der Rechtswidrigkeit kommt in diesen Fällen keine entscheidende Bedeutung zu, weil Ersatzansprüche auch und erst recht bestehen, wenn kein Eingriffsrecht gegeben und die Schädigung rechtswidrig ist. So besteht die Ersatzpflicht gemäß § 904, 2 auch dann, wenn zur Abwendung eines drohenden Schadens ein gleich großer Schaden angerichtet worden ist und der Eigentümer die Einwirkung nicht hätte zu dulden brauchen.

6. § 231 BGB

Unter den Fällen des „Handelns auf eigene Gefahr" nimmt § 231 eine Sonderstellung ein, weil die Rechtswidrigkeit der Schädigung von vornherein feststeht, aber vom Schädiger nicht erkannt wird. Von einem Aufopferungsanspruch kann mangels Opferlage für den Geschädigten, der sich gegen den in dieser Vorschrift vorausgesetzten rechtswidrigen Eingriff wehren durfte, in diesem Fall nicht gesprochen werden, von Gefährdungshaftung nur insoweit, als es sich um unbeabsichtigte Schädigungen handelt, die anläßlich der Vornahme der in § 229 bezeichneten Handlungen eintreten. Soweit die Schädigung in der Vornahme der Handlung selbst liegt, die bewußt und gewollt erfolgt, kann auch von einer Gefährdungshaftung keine Rede sein.

7. Die „provisorische Gerichtshilfe"

In den Fällen des Erwirkens provisorischer Gerichtshilfe ohne Berechtigung (§§ 717 II, 945 ZPO) kann von einer materiellen und einer vollstreckungsrechtlichen Rechtmäßigkeit bzw. Rechtswidrigkeit gesprochen werden. Vollstreckungsrechtlich wird zunächst ein Eingriff in die fremde Rechtssphäre und damit meist eine Beeinträchtigung des Vollstreckungsschuldners zugelassen. Ob dieser neue Zustand von der materiellen Rechtsordnung endgültig gutgeheißen wird, steht erst mit der Rechtskraft der ersten oder einer nächstinstanzlichen Entscheidung fest. Die Rechtmäßigkeit des Eingriffs ist in diesen Fällen eine vorläufige (vollstreckungsrechtliche); mit einer aufhebenden Entscheidung der nächsten Instanz wird ihr der Boden entzogen, und es entsteht zugleich eine Verpflichtung zum Schadensersatz. Die Rechtsordnung läßt hier gleichsam ein „Handeln auf eigene Gefahr" zu.

Von den Fällen der typischen Gefährdungshaftung weichen diese Tatbestände ab, weil nicht Gefahrenlagen geschaffen werden, aus denen später typische Beeinträchtigungen und Schäden Dritter entstehen, sondern sofort Nachteile zugefügt werden, von denen sich erst später herausstellt, ob sie als echte Schäden vom Handelnden zu ersetzen sind. Von einer „Gefahrenlage" kann im Hinblick auf die möglicherweise eintretende oder nicht eintretende Ersatzpflicht für die zugefügten Nachteile gesprochen werden; für den Handelnden wie für den Betroffenen ist es zunächst ungewiß, ob eine Ersatzpflicht entstehen wird. Die Gefahrenlage besteht hier nicht in einer Ungewißheit über den Eintritt von Nachteilen, wie dies normalerweise bei der Gefährdungshaftung der Fall ist, sondern in einer Unsicherheit über die Ersatzpflicht hinsichtlich angerichteter Schäden.

Dem Aufopferungsanspruch können diese Fälle nicht zugerechnet werden, weil kein durch eine Interessenkollision erzwungenes Sonderopfer erbracht wurde, sondern die Ersatzpflicht durch den Wegfall der Zulässigkeitsvoraussetzung der Beeinträchtigung entstanden ist.

8. Die Gefährdungstatbestände

Die gesetzlichen Gefährdungstatbestände regeln Fälle, in denen der Schaden die typische Folge einer gefährlichen Handlung darstellt. Die Anwendbarkeit dieser Normen ist aber nicht auf reine „Gefährdungsschäden", d. h. ungewollte und unvermeidbare Schäden beschränkt, sondern erstreckt sich auch auf Fälle bewußter und gewollter Schädigung. Der Halter eines Kraftfahrzeuges, der zugleich Fahrer ist, haftet gemäß § 7 I StVG, gleichgültig, ob er den Schaden als möglich vorausgesehen, evtl. gebilligt, vielleicht sogar beabsichtigt hat.

9. Zusammenfassung

Auch im Privatrecht sind weder der allgemeine bürgerlich-rechtliche Aufopferungsanspruch noch die speziellen Aufopferungstatbestände in ihrem Anwendungsbereich, wie er gewohnheitsrechtlich sich entwickelt hat oder gesetzlich umschrieben ist, auf „Eingriffsschäden", d. h. auf bewußt und gewollt herbeigeführte, billigend in Kauf genommene oder naturnotwendig mit einer Handlung verbundene Schädigungen beschränkt, sondern sie finden auch dann Anwendung, wenn der Schaden eine typische, aber nicht notwendige Folge eines gefährlichen Verhaltens ist, also in Fällen einer Gefährdungshaftung.

Die Gefährdungstatbestände andererseits gewähren auch dann einen Ersatzanspruch, wenn der Schaden die naturnotwendige Folge einer Handlung ist, billigend in Kauf genommen wurde oder sogar beabsichtigt war, wo also an sich von einem Aufopferungsanspruch gesprochen werden müßte.

Eine begriffliche Trennung von Aufopferungsanspruch und Gefährdungshaftung ist auch im Privatrecht möglich, sie hätte jedoch nur theoretische Bedeutung und empfiehlt sich für die Rechtsanwendung nicht, weil wir es hier ganz überwiegend mit fest umrissenen Gesetzestatbeständen zu tun haben, eine allgemeine Gefährdungshaftung mit Recht abgelehnt wird und der Aufopferungsanspruch die nicht anders geregelten abgeltungsbedürftigen Fälle erfaßt.

DRITTER TEIL

Aufopferungsanspruch und Eingriffserwerb

A. Der Eingriffserwerb

1. Ersatzansprüche — Erstattungsansprüche

Die bisherigen Erörterungen befaßten sich mit dem Ersatz von Schäden, von Einbußen, die die Rechtsordnung — mag sie sie zum Teil auch zunächst zugelassen haben — im Ergebnis für ungerechtfertigt und daher für ausgleichspflichtig hält. Dabei war der Blick fast ausschließlich auf den Verletzten und seine Situation gerichtet; lediglich in den Fällen der §§ 829 und 847 waren die Verhältnisse des Schädigers mit zu berücksichtigen, aber auch nur die allgemeine wirtschaftliche Lage, nicht die Tatsache, ob die Verletzung ihm einen Vorteil erbracht hat.

Im Folgenden sollen nun Herausgabe und Erstattung von Vorteilen betrachtet werden, die rechtsordnungsgemäß oder rechtswidrig, schuldlos oder schuldhaft erlangt sind, aber nach den Prinzipien einer gerechten Ordnung und Verteilung der Güter einem anderen gebühren. Ein Schaden, eine Einbuße des Berechtigten, spielt dabei grundsätzlich keine Rolle. Ein Erwerb, der sich den Vorschriften der Rechtsordnung entsprechend und damit wirksam vollzieht, kann gleichwohl im Hinblick auf eine gerechte endgültige Güterzuordnung ungerechtfertigt sein. Das ist eine Folge des Abstraktionsprinzips, das den Rechtserwerb von dem mit ihm verfolgten und ihn rechtfertigenden, im schuldrechtlichen Grundgeschäft vereinbarten Zweck löst, und der Formstrenge, die insbesondere die Institute des Sachenrechts kennzeichnet. Vielfach werden vom Gesetz aus Gründen der Verkehrssicherheit, der leichten Erkennbarkeit und Verwirklichung der Rechte oder aus Gründen der Rechtslogik Rechtsfolgen angeordnet und Güterzuordnungen vorgenommen, die materiell ungerechtfertigt sind[219]. Damit ist aber zugleich die Möglichkeit eröffnet, daß die mit der Rechtsänderung eingetretene Vermögensverschiebung der

---

[219] ENN.-LEHMANN, S. 870; CROME, S. 979; ähnlich HEDEMANN, S. 330.

materiellen Gerechtigkeit widerspricht und nach einem Ausgleich verlangt. In diesen Fällen wird dem endgültig Berechtigten ein Ausgleichsanspruch gewährt, der sich nach dem erlangten Vorteil des vorläufig Begünstigten richtet. Den Ausgleich führt zumeist das Bereicherungsrecht herbei. Es ist von je her als Sinn und Aufgabe des Bereicherungsrechtes angesehen worden, den Widerspruch zwischen formeller Rechtslage und materieller Gerechtigkeit zu lösen[220].

Bei einer Bereicherung, die kraft Gesetzes eintritt (gutgläubiger Eigentumserwerb gemäß den §§ 932 ff., Ersitzung gemäß § 937) ist darauf abzustellen, ob der Gesetzgeber die Rechtsänderung auch materiell als gerechtfertigt ansieht. Ein Bereicherungsanspruch ist ganz allgemein da ausgeschlossen, wo kraft Gesetzes aus Gründen der Verkehrssicherheit oder der Stabilisierung der Rechtslage ein endgültiger Rechtsverlust auf der einen und eine Besserstellung auf der anderen Seite eintreten sollen. Kriterium ist dabei stets, ob mit der betreffenden Gesetzesvorschrift eine endgültige Neuordnung der Güterlage erreicht werden soll[221].

2. Erwerb durch Eingriff in fremde Rechte

Im Rahmen dieser Arbeit interessieren nur Vorteile, die durch einen „Eingriff" erlangt sind, also der sogenannte „Eingriffserwerb". Unter dem Begriff „Eingriff" ist hier jedoch nicht nur das bewußte und gewollte, sondern jedes Einwirken auf fremde Rechte und Rechtsgüter zu verstehen, auch das fahrlässige und unbewußte, jede Veränderung der tatsächlichen oder rechtlichen Beziehungen einer Sache oder eines Rechts zu dem beherrschenden Rechtssubjekt.

3. Das „System der Rechte auf den Eingriffserwerb"

Unter Eingriffserwerb versteht man alle Vermögensvorteile, die durch einen Eingriff in fremde Rechte bzw. eine Verletzung fremder Rechte

---

[220] vgl. PLANCK-LANDOIS, Vorbem. vor § 812, Anm. 1; ENN.-LEHMANN, S. 870; RGRK, Vorbem. vor § 812, Anm. 5 mit weiteren Nachweisen der Literatur; dagegen v. CAEMMERER, Festschrift für Rabel, S. 338, 339; WILBURG, S. 15 ff.; v. LÜBTOW, S. 23, 24.

[221] vgl. ESSER, S. 767; RGRK, Vorbem. vor § 812, Anm. 36 und § 812, Anm. 57. Das ist beispielsweise der Fall, wenn dem Erwerber gemäß den §§ 932 ff. das Eigentum aus Gründen des Verkehrsschutzes zugeordnet wird, da die Rechtsordnung diesen Zweck nicht erreichen kann, wenn sie ihm das nach den §§ 932 ff. zugewandte Recht auf dem Weg des schuldrechtlichen Ausgleichs wieder abnehmen würde.

Im Fall des § 937 ist streitig, ob dem früheren Eigentümer ein Bereicherungsanspruch gegen den Ersitzenden zusteht, wenn dieser den Eigenbesitz ohne Rechtsgrund vom Eigentümer oder unentgeltlich von einem Nichtberechtigten erlangt hat, vgl. dazu ausführlich WESTERMANN, S. 254 ff.

erlangt sind[222]. Zusammen mit dem Bereicherungsrecht bilden eine Reihe anderer Vorschriften ein „System der Rechte auf den Eingriffserwerb“, so die §§ 281, 987 ff., 687 II, 681, 2, 667.

4. Ansprüche auf den Eingriffserwerb außerhalb des Bereicherungsrechtes

a) § 281 BGB

Bei Eingriffen in einen Gegenstand, auf dessen Verschaffung jemand ein obligatorisches Recht hat, gibt § 281 dem schuldrechtlich „Berechtigten“ einen Anspruch auf das, was der Schuldner infolge des die Unmöglichkeit der Leistung herbeiführenden Umstandes erlangt hat, z. B. Ersatzansprüche gegen Dritte wegen Zerstörung oder Beschädigung der Sache, Ansprüche auf eine Versicherungssumme. Hat der Schuldner die zu leistende Sache veräußert, so muß er den vollen Erlös herausgeben, auch wenn dieser den Wert des ursprünglich geschuldeten Gegenstandes übersteigt, und die erzielte Preiserhöhung auf eine wertsteigernde Tätigkeit des Schuldners zurückzuführen ist[223]. Der Schuldner darf jedoch Aufwendungen und evtl. ein Entgelt für seine Tätigkeit abziehen[224].

Die Vorschrift des § 281 bezweckt — ähnlich wie die Regelung des Bereicherungsrechtes — die „Ausgleichung unrichtig gewordener Verteilung von Vermögenswerten[225]“, ohne daß allerdings ein Eingriff spezielle Anspruchsvoraussetzung ist[226]. Der Gläubiger soll — ohne Rücksicht auf seinen Schaden — das erhalten, was im Vermögen des Schuldners wirtschaftlich an die Stelle der Sache getreten ist, die nach dem Schuldverhältnis nicht mehr dem Schuldner, sondern ihm gebührte[227]. § 281 erfüllt damit beim Schuldverhältnis die gleiche Funktion wie der Bereicherungsanspruch beim Eigentum. Es handelt sich um einen „Rechtsfortwirkungsanspruch[228]“.

b) §§ 987 ff. BGB

Im Verhältnis Eigentümer — unrechtmäßiger Besitzer stellen die §§ 987 ff.

---

[222] Schulz, a. a. O., S. 428. Seine an sich zutreffende Unterscheidung von technischem und wirtschaftlichem Eingriffserwerb kann hier außer Betracht bleiben.

[223] Erman-Groepper, § 281, Anm. 8; Palandt-Danckelmann, § 281, Anm. 1 ff.; Esser, S. 350; Larenz, S. 200; Enn.-Lehmann, S. 202/203; RG 138, 47.

[224] Erman-Groepper, § 281, Anm. 8; Palandt-Danckelmann, § 281, Anm. 1 f.

[225] Erman-Groepper, § 281, Anm. 1.

[226] Vgl. S. 111 der Arbeit.

[227] Vgl. Esser, S. 350; Larenz, S. 200.

[228] Wilburg, a. a. O., S. 46.

nach überwiegender Auffassung[229] eine erschöpfende Sonderregelung in Bezug auf die Herausgabe der Früchte und Nutzungen dar, die einen Rückgriff auf die allgemeinen Vorschriften des Bereicherungsrechts ausschließt. Nach den §§ 987 I, 993 I, 1. Halbs., 993 I, 2. Halbs. braucht der gutgläubige Besitzer bis zum Eintritt der Rechtshängigkeit nur die Übermaßfrüchte herauszugeben, alle übrigen kann er behalten. Um jedoch das offensichtlich unbillige Ergebnis zu vermeiden, daß der entgeltlich, aber rechtsgrundlos besitzende Eigentümer nach den §§ 812 I, 818 I alle Nutzungen herausgeben muß, während der gutgläubige Besitzer in den Fällen, in denen die Nichtigkeit auch das dingliche Geschäft erfaßt, die Nutzungen mit Ausnahme der Übermaßfrüchte behalten darf, ist die herrschende Auffassung gezwungen, die rechtsgrundlose Besitzerlangung der unentgeltlichen gemäß § 988 gleichzustellen. Voraussetzung für den Anspruch des Eigentümers auf Herausgabe oder Erstattung der vom Besitzer gezogenen Nutzungen nach Maßgabe seiner Bereicherung ist jedoch, daß der Besitzer den Besitz unmittelbar vom Eigentümer rechtsgrundlos erlangt hat[230].

Eine ständig wachsende Mindermeinung[231] will die §§ 812 ff. neben den §§ 987 ff. anwenden, zumindest dann, wenn der Besitz rechtsgrundlos auf Kosten des Eigentümers erlangt ist.

Beide Lösungen laufen — wie Wolff-Raiser[232] zutreffend erkennt — auf eine Korrektur des Gesetzes hinaus, das den redlichen Besitzer nach § 993 stärker zu schützen versucht als den ungerechtfertigt Bereicherten. Im Ergebnis muß man sich einer der beiden Lösungen anschließen; denn die ungleiche Behandlung bezüglich der Herausgabe der Nutzungen je nachdem, ob Besitz und Eigentum rechtsgrundlos erlangt sind oder — infolge der Nichtigkeit auch des dinglichen Geschäftes — nur der Besitz, ist in der Tat durch nichts gerechtfertigt; sie würde den, dem vom Gesetz der Eigentumserwerb wegen eines dem Geschäft anhaftenden schweren Mangels versagt wird, besser stellen als den, der das Eigentum erlangt hat, weil der dem Geschäft anhaftende Mangel nicht so gravierend war.

Bei der Entscheidung der Frage, welcher der beiden Lösungen der Vorzug einzuräumen ist, ist zu bedenken, daß zwar die Entstehungsgeschichte für die Ausschließlichkeit im Sinne der herrschenden Meinung spricht[233], dieser Grundsatz aber schon immer zugunsten vertraglicher

[229] RGRK, Vorbem. vor § 812, Anm. 28; Palandt-Hoche, Vorbem. vor § 987, Anm. 2b und Vorbem. vor § 812, Anm. 1e; Planck-Brodmann, Vorbem. vor § 987, Anm. 1.

[230] vgl. Westermann, S. 152.

[231] Staudinger-Berg, § 987, Anm. 10; Erman-Hefermehl, Vorbem. vor § 987, Anm. 16; Wolff-Raiser, S. 333; Esser, S. 373; Soergel-Mühl, Vorbem. vor § 987, Anm. 16, 18; Westermann S. 150 ff.

[232] Wolff-Raiser, S. 333.

[233] vgl. Esser, S. 773; RG 137, 206 (210 ff.).

Ansprüche auf Schadensersatz und Nutzungen durchbrochen worden ist[234]. Gegen die Gleichstellung des rechtsgrundlosen mit dem unentgeltlichen Erwerb bestehen auch systematische Bedenken, da sie praktisch die Ausnahmevorschrift des § 988 zur Normregel erhebt und die Auslegung des § 816 I, 2 in unzutreffender Weise präjudiziert[235]. Die §§ 987 ff. sind Nebenansprüche der rei vindicatio; sie bezwecken als solche einen bestimmten Eigentumsschutz, den sie im Hinblick auf Schadensersatz und Nutzungen abschließend verwirklichen wollen[236]. Sie unterstellen aber — wie Esser[237] zutreffend bemerkt — nicht, daß der Eigentümer auf diesen Schutz allein angewiesen ist. Bei dieser Interpretation der §§ 987 ff. ergibt sich, daß eine Leistungskondiktion auf Herausgabe der Nutzungen neben den §§ 987 ff. bestehen kann, wenn die Voraussetzungen einer solchen nach den §§ 812 ff. gegeben sind[238]. Eine Eingriffskondiktion auf Herausgabe von Nutzungen ist dagegen trotz gegebener Voraussetzungen der §§ 812 ff. ausgeschlossen, weil sie auf dem Zuweisungsgehalt des absoluten Rechtes beruht und daher regelmäßig durch die den Eigentumsschutz in erschöpfender Weise regelnden §§ 987 ff. verdrängt wird[239].

c) §§ 687 II, 681, 2, 667

Im Fall einer sogenannten „unechten Geschäftsführung ohne Auftrag" besteht gemäß §§ 687 II, 681, 2, 667 ein Anspruch auf das Erlangte. Voraussetzung ist, daß der Verpflichtete eine Tätigkeit[240] ausgeübt hat, die zum Rechts- oder Sorgekreis eines andern gehört, ohne dazu berechtigt zu sein, und das auch positiv weiß[241]. Die Bedeutung dieser Vorschrift liegt darin, daß der Betroffene nicht auf Bereicherungs- und die wegen ihrer kurzen Verjährung ungünstigen Deliktsansprüche beschränkt ist[242].

d) Recht auf den Eingriffserwerb bei Verletzung gewerblicher Schutzrechte

Von besonderer Bedeutung ist die Vorschrift des § 687 II auf dem Gebiet des gewerblichen Rechtsschutzes; sie gewährt bei *wissentlicher* Aus-

[234] vgl. ESSER, S. 773; WESTERMANN, S. 151; ERMAN-HEFERMEHL, Vorbem. vor § 987, Anm. 11; SOERGEL-MÜHL, Vorbem. vor § 987, Anm. 3 a und 17.

[235] So richtig ESSER, S. 773; ähnlich WOLFF-RAISER, S. 333.

[236] So zutreffend, ESSER, S. 773.

[237] ESSER, S. 773.

[238] vgl. ESSER, S. 773; ERMAN-HEFERMEHL, Vorbem. vor § 987, Anm. 16.

[239] vgl. ESSER, S. 774.

[240] Zu dem im einzelnen bestrittenen Begriff der Geschäftsbesorgung vgl. ERMAN-HAUSS, Vorbem. vor § 662, Anm. 4 u. 5; Vorbem. vor § 677, Anm. 2; § 687, Anm. 4 a; PALANDT-GRAMM, § 662, Anm. 3; § 677, Anm. 2.

[241] vgl. ERMAN-HAUSS, § 687, Anm. 4 b u. c.

[242] ERMAN-HAUSS, § 687, Anm. 3.

beutung fremder Urheber-, Erfinder- und Monopolrechte einen Anspruch auf den erzielten Gewinn.

Schadensersatz kann nach den Bestimmungen der Spezialgesetze[243] oder gemäß §§ 823 ff. verlangt werden. Der Schadensersatzanspruch richtet sich nach den §§ 249 ff. und besteht unabhängig vom Gewinn des Verletzers, der höher oder niedriger sein kann. Ein bestimmter Schaden ist jedoch vielfach schwer festzustellen oder schwer nachzuweisen.

Deshalb hat das Reichsgericht[244] in ständiger Rechtsprechung zum Patent- und Urheberrecht entschieden, daß bei schuldhafter Verletzung dieser Rechte — wenn der gesamte Verletzungstatbestand objektiv und subjektiv gegeben ist — der Schaden auch in der Form berechnet werden kann, daß die Herausgabe des durch den rechtsverletzenden Eingriff erzielten Gewinnes verlangt wird; dem Berechtigten wird also auch bei nichtwissentlicher, aber schuldhafter Verletzung seines Rechtes ein Anspruch auf den Eingriffserwerb gewährt.

Zur Begründung dieses Anspruches wird auf die rechtsgeschichtliche Entwicklung vor dem BGB und auf den Gedanken des § 687, 2 hingewiesen[245]. Diese Rechtsprechung hat ihren Niederschlag in § 47 II PatG und § 15 II GebrMG gefunden, wonach bei fahrlässigem Eingriff mindestens der Verletzergewinn herauszugeben ist.

So hat der Betroffene eine inzwischen gewohnheitsrechtlich verankerte dreifache Möglichkeit der Schadensberechnung: Er kann Ersatz des tatsächlichen Schadens einschließlich des entgangenen Gewinns oder die Zahlung einer angemessenen Lizenzgebühr oder schließlich den vom Verletzer erzielten Gewinn verlangen. Der Verletzer kann jedoch entsprechend § 687 II 2 seine Aufwendungen abziehen.

Dieser Anspruch wurde auf dem Gebiet des Warenzeichenrechts (§§ 24, 25 WZG) abgelehnt mit der Begründung, hier werde kein fremdes Geschäft geführt[246]. Dagegen wird mit Recht eingewandt[247], es werde jedenfalls teilweise ein fremdes Geschäft geführt durch die Benutzung des fremden Zeichens oder der fremden Ausstattung, möge auch der Verkauf der Waren ein eigenes Geschäft sein.

---

[243] §§ 47 II PatG; 15 II GebrMG; 14 GeschmMG; 24, 25 WZG; 36 LitUrhG; 31 KunstUrhG.

[244] RG 156, 65 (67), 321 (325); BGH 20, 345 (353); Ulmer, a. a. O., S. 404; Palandt-Gramm, § 687, Anm. 2c; Erman-Hauss, § 687, Anm. 5; Enn.-Lehmann, S. 707.

[245] Erman-Hauss, § 687, Anm. 5.

[246] Palandt-Gramm, § 687, Anm. 2c; Erman-Hauss, § 687, Anm. 5; RG 58, 321 (325); 108, 1 ff.).

[247] Enn.-Lehmann, S. 708; Baumbach-Hefermehl, Einl. zum UWG, Anm. 235; v. Caemmerer, a. a. O., S. 354; Staudinger-Nipperdey, § 687, Anm. 13.

5. Ansprüche auf den Eingriffserwerb im Rahmen des Bereicherungsrechtes

Die Hauptgruppe der Rechte auf den Eingriffserwerb bilden die Bereicherungsansprüche. Die Generalklausel des § 812 I 1 umfaßt zwei Tatbestände, nämlich eine Bereicherung „durch Leistung" und eine Bereicherung „in sonstiger Weise"; von diesen zwei Formen, in denen eine Bereicherung eintreten kann, ausgehend unterscheidet man Leistungs- und Eingriffskondiktion, wobei die Eingriffskondiktion jedoch nicht alle Fälle der Bereicherung in sonstiger Weise umfaßt.

a) Leistungs- und Eingriffskondiktion

Bei der Leistungskondiktion handelt es sich um die Rückabwicklung fehlgeschlagener Leistungen, wenn der typische oder spezielle Zuwendungszweck, die causa im Sinne einer schuldrechtlichen Vereinbarung fehlt, oder um die Rückabwicklung von Leistungen nach Erledigung eines Kausalverhältnisses[248]. Dieser quasi-vertragliche Rückabwicklungsanspruch gehört als Ergänzung und Störungskorrektiv zum Recht der Güterbewegung[249]. Der Anspruch wegen einer Bereicherung in sonstiger Weise gehört zum Recht des Güterschutzes; er ist den Ansprüchen *aus* dem Eigentum im weiteren Sinne zuzurechnen und steht als eine Art Rechtsfortwirkungsanspruch hinter der rei vindicatio, der actio negatoria, den Schadensersatz- und Surrogationsansprüchen[250].

b) Gegenstand der Bereicherung

Eine Bereicherung sieht das deutsche Recht[251] nur in der Erlangung von Vermögensvorteilen, die in jeder beliebigen Form zustande gekommen sein können. Bei den Vermögensvorteilen werden meist drei Gruppen unterschieden, der Erwerb positiver Vermögenswerte (dingliche Rechte, Forderungen, Anwartschaftsrechte, günstige, zum Rechtserwerb oder zu einer Verfügung befähigende Rechtspositionen, Nutzungen), die Befreiung von Pflichten und Lasten (Schulderlaß, Verzicht auf dingliche Rechte, Tilgung einer Schuld) und schließlich die Ersparung von Aufwendungen (Gebrauch, Verbrauch, Nutzung fremder Sachen oder Rechte, nicht erlittene Vermögenseinbußen, die ohne den ungerechtfertigten Erwerb eingetreten wären)[252].

---

[248] v. Caemmerer, a. a. O., S. 342.

[249] v. Caemmerer, a. a. O., S. 342.

[250] Wilburg, a. a. O., S. 49; v. Caemmerer, a. a. O., S. 353.

[251] anders das französische und österreichische Recht, vgl. die Nachweise bei Wilburg, a. a. O., S. 125.

[252] v. Caemmerer, a. a. O., S. 381; RGRK, § 812, Anm. 1—21; Esser, Schuldrecht, S. 805.

c) Das Merkmal Erlangen „auf Kosten“ eines anderen

Die meisten Schwierigkeiten bereitet die Beantwortung derFragen, ob die Bereicherung „auf Kosten“ eines anderen und ob sie „ohne rechtlichen Grund“ erlangt ist.

Mit dem Merkmal „auf Kosten eines anderen“ sind zwei Probleme verbunden, das „Entreicherungs-“ und das „Unmittelbarkeitsproblem“.

Aus den Worten „auf Kosten eines anderen“ wird teilweise der Schluß gezogen, dem Gewinn des einen müsse ein Verlust des anderen in gleicher Höhe gegenüberstehen[253], der Bereicherungsanspruch sei doppelt begrenzt, nämlich durch die dem Bereicherten zugeflossenen Vorteile einerseits und die Einbuße des Betroffenen andererseits[254].

Andere[255] weisen darauf hin, daß man lediglich einen Schadensersatzanspruch minderer Voraussetzungen und minderen Umfanges schaffen würde, wenn man einen Schaden als Voraussetzung für die Zuerkennung des Bereicherungsanspruches verlangen wollte. Dagegen wendet sich im Ergebnis auch Schulz[256], meint allerdings, aus dem Wortlaut des § 812 müsse diese Anforderung zwingend gefolgert werden.

Richtiger Auffassung nach ist jedoch eine Schadenstheorie aus § 812 nicht abzuleiten. Das ergibt sich schon aus der Entstehungsgeschichte dieser Vorschrift. Nicht einmal dem Text des 1. Entwurfs, der die Worte „aus dem Vermögen“ vorsah, mußte notwendig das Erfordernis eines Schadens als Anspruchsvoraussetzung entnommen werden, denn als „aus fremdem Vermögen“ erlangt kann man etwas ansehen, z. B. Gebrauchsvorteile, ohne daß sich das Vermögen des Berechtigten mindert. Um aber das Anwendungsgebiet der Kondiktionen zu erweitern und deutlich zu machen, daß von einer Entreicherung im Sinne eines Schadens abgesehen wird, wurde die heutige Fassung gewählt. Eine Bereicherung „auf Kosten“ eines anderen liegt nicht nur dann vor, wenn ihr dem Gegenstand und dem Umfang nach eine Vermögensminderung entspricht, sondern schon dann, wenn das Objekt der Bereicherung, ohne bereits in das Vermögen des Berechtigten übergegangen zu sein, doch dessen Vermögensstand irgendwie berührt[257]. Auf Kosten eines anderen ist demnach nicht bloß alles erlangt, was dessen voller rechtlicher und tatsächlicher Herrschaft unterworfen ist, sondern auch das, worauf diesem ein rechtlicher Anspruch oder eine rechtlich begründete Anwartschaft zusteht[258]. Die vielfach ge-

---

[253] SCHULZ, a. a. O., S. 478.

[254] BOEHMER, Grundlagen II, 2, S. 20; Die Entreicherung wird allgemein stark betont, wenn auch dann jeweils wieder eingeschränkt, vgl. RGRK vor § 812, Anm. 3; ERMAN-SEILER, § 812, Anm. 4; PALANDT-GRAMM, § 812, Anm. 4.

[255] v. LÜBTOW, a. a. O., S. 24.

[256] SCHULZ, a. a. O., S. 478.

[257] Prot. II, S. 685; v. LÜBTOW, a. a. O., S. 34 f.; ESSER, S. 805.

[258] v. MAYR, a. a. O., S. 197; RGRK, § 812, Anm. 22 ff.; PALANDT-GRAMM, § 812, Anm. 4; MESTMÄCKER, a. a. O., S. 521; v. CAEMMERER, a. a. O., S. 376.

brauchte Floskel vom Sinn des Bereicherungsrechts, ungerechtfertigt erlittene Vermögenseinbußen auszugleichen[259], verführt dazu, in der Einbuße zugleich eine Voraussetzung und Beschränkung des Anspruchs zu sehen. Schon aus den Worten *Bereicherungs*anspruch und Eingriffs*erwerb* ergibt sich, daß es nur auf den erlangten Vorteil ankommt und nicht auf einen erlittenen Schaden, sonst müßte man besser von *Entreicherungs*ansprüchen und Eingriffs*schäden* sprechen.

Mestmäcker[260] weist an Beispielen aus der Rechtsprechung nach, wie weitgehend die Wechselwirkung von Vorteil und Nachteil im Bereicherungsrecht formalisiert ist. Sowohl der unbefugte Gebrauch und Verbrauch fremder Sachen (z. B. Vermietung fremder Räume, Benutzung fremder Gleisanlagen oder Maschinen, Verarbeitung fremder Rohstoffe) als auch die Verwertung eines Urheber- oder Patentrechtes begründen einen Anspruch auf den Wert der Benutzung oder Verarbeitung bzw. die Lizenzgebühr, und zwar ohne Rücksicht darauf, ob der Berechtigte tatsächlich in der Lage gewesen wäre, sein Recht entsprechend zu verwerten[261]. Ein Anspruch werde sogar dann gewährt, wenn die Verletzung dem Verletzten nachweislich nur erhebliche Vorteile gebracht habe (wenn z. B. durch unbefugte Nutzung eines urheberrechtlich geschützten Werkes durch den Funk und die damit verbundene Verbreitung eine gewerbliche Ausnutzung erst ermöglicht wurde). Mestmäcker[262] kommt zu dem Ergebnis, daß die Fälle des Eingriffserwerbs mit dem Begriff der Vermögensverschiebung *allein* nicht zu lösen sind.

Der Begriff der Vermögensverschiebung ist überhaupt unbrauchbar und irreführend; das hat wirklich klar bisher lediglich Esser gesagt[263]. Danach hat das Entreicherungsproblem im Sinne einer Entsprechung von Vorteil und Nachteil weder für die Leistungskondiktion noch für die Eingriffskondiktion Bedeutung, weil die Bereicherungshaftung eben keine Ausgleichshaftung ist, durch die Vermögensminderungen kompensiert werden sollen[264]. Der Bereicherungsanspruch soll nicht eine Vermögensminderung im Vermögen des Benachteiligten, sondern einen grundlosen Vermögenszuwachs im Vermögen des Bereicherten ausgleichen[265]. Das

[259] Besser ERMAN-SEILER vor § 812, Anm. 1, der von ungerechtfertigter Vermögensbewegung spricht; aber auch hier wird der Eindruck erweckt, als erleide der Anspruchsgläubiger einen Verlust.

[260] a. a. O., S. 521.

[261] So richtig v. CAEMMERER, Festschrift für Rabel, S. 358; vgl. dazu das interessante Beispiel des unbefugten Abbaus von Kohle, die der Berechtigte selbst nicht hätte gewinnen können. RG JW 1938, 3040 ff.; LARENZ II, S. 319.

[262] MESTMÄCKER, a. a. O., S. 526.

[263] ESSER, Schuldrecht, S. 806.

[264] ESSER, Schuldrecht, S. 806.

[265] BGH 20, 345 (353), Motorroller.

Merkmal „auf Kosten" weist nicht auf eine Vermögensminderung, sondern auf eine Rechtsverletzung hin.

Die h. L.[266] schließt aus den Worten „auf Kosten", daß der Vorteil des einen mit dem Nachteil des anderen (Vermögensminderung oder Rechtsbeeinträchtigung) derart in unmittelbarem Zusammenhang stehen muß, daß die Bereicherung im Fall der Leistungskondiktion allein durch die Leistung, im Fall der Bereicherung in sonstiger Weise durch ein und denselben Vorgang hervorgerufen sein muß; sie verlangt die sogenannte „Unmittelbarkeit der Vermögensverschiebung".

Diese — nicht unmittelbar aus dem Gesetz abzuleitende — Einschränkung ist gerade für die Eingriffskondiktion aus Gründen der Rechtssicherheit notwendig, da eine feste Begrenzung der Herausgabepflicht, wie sie im Fall der Leistungskondiktion durch die Erstattung des durch die Leistung Erlangten gegeben ist, fehlt[267]. Mit dem Eingriffserwerb soll nur der Vorteil herausverlangt werden können, der unmittelbar aus dem Gebrauch, der Nutzung oder Verwertung erzielt ist[268]. Das Tatbestandsmerkmal der „Unmittelbarkeit" dient darüber hinaus auch zur Ermittlung des Kondiktionsschuldners; durch dieses Erfordernis wird der Rückgriff auf alle Drittpersonen ausgeschlossen, die ihrerseits aus dem Eingriff Vorteile ziehen; der Berechtigte kann sich nur an den Eingreifenden selbst halten[269].

d) Das Merkmal der Rechtsgrundlosigkeit

Grundlage des Anspruchs auf den Eingriffserwerb ist das Recht des Verletzten, und zwar auch für die Beurteilung der Rechtsgrundlosigkeit des Erwerbs. Der römisch-rechtliche Satz „natura aequum est, neminem cum alterius detrimento fieri locupletiorem", den Schulz[270] in den Vordergrund rückt, hilft nicht weiter. Gerade im Wirtschaftsleben werden fast alle Vorteile irgendwie zum Nachteil anderer erlangt; die Geschäfte, die der eine Kaufmann tätigt, sind notwendig für alle übrigen verloren. Der Sinn des Wettbewerbs besteht geradezu darin, sich auf Kosten der Mitbewerber zu bereichern, nämlich diesen gewinnbringende Kunden abzujagen.

Schulz'[271] Kritik am Wortlaut des § 812 ist insoweit berechtigt, als bei der Eingriffskondiktion nicht einfach die Feststellung des Fehlens eines Rechtsgrundes für den Erwerb den Anspruch rechtfertigt, sondern nur die Feststellung, daß der Erwerb aus besonderen Gründen ungerecht-

---

[266] vgl. LARENZ, S. 320; ESSER, S. 806.

[267] vgl. ESSER, S. 806.

[268] ESSER, S. 806.

[269] ESSER, S. 806.

[270] SCHULZ, a. a. O., S. 443.

[271] SCHULZ, a. a. O., S. 479.

fertigt ist. Es gibt viele Fälle, in denen ein Vorteil erlangt wird — dem oft sogar ein entsprechender Nachteil eines anderen gegenübersteht — für den kein rechtlicher Grund vorhanden ist und der gleichwohl nicht ungerechtfertigt ist, weil der Vorteil nicht einer bestimmten Person ausschließlich zugewiesen ist. Die Frage, wann eine in sonstiger Weise eingetretene Bereicherung ungerechtfertigt ist, läßt sich nicht mit der Erwägung lösen, daß der Bereicherte keinen Anspruch auf sie habe[272]. Man denke an den Fall, daß eine Eisenbahnlinie, die bisher an dem Industrieunternehmen A vorbeiführte und diesem die günstige Möglichkeit eines Privatgleisanschlusses bot, verlegt wird, und zwar unmittelbar an das Grundstück des Unternehmens B, das damit eine direkte Anschlußmöglichkeit erhält. Hier hat B durch die Verlegung den — für ein Industrieunternehmen durchaus in Geldwert ausdrückbaren — Vermögensvorteil erlangt, den A durch den gleichen Vorgang verloren hat. Gleichwohl besteht kein Ausgleichsanspruch zwischen beiden Teilen, da es sich bei der Linienführung der Bahn zwar um einen Vorteil handelt, dieser aber keiner Person ausschließlich zugewiesen ist.

Auch die neuere Auffassung[273] ist dahin einig, daß die Rechtsgrundlosigkeit eines Erwerbes nicht einheitlich zu bestimmen ist und nicht schlechthin im Fehlen einer schuldrechtlichen Beziehung besteht[274]. Nur die Leistungskondiktion beruht darauf, daß der mit der Leistung verfolgte typische oder spezielle Zuwendungszweck, die causa im Sinne einer schuldrechtlichen Vereinbarung, fehlt. Die Rechtsgrundlosigkeit einer in sonstiger Weise eingetretenen Bereicherung ist darin zu sehen, daß sie im Widerspruch zu dem mit dem Eigentum und den sonstigen absoluten Rechten verbundenen Zuweisungsgehalt steht[275].

Es ist also nicht nach dem Grund der Rechtfertigung des Erwerbes zu suchen, sondern nach dem der Ungerechtfertigtheit[276]. Maßgebend ist dabei die materielle Unrechtmäßigkeit des neuen Zustandes, nicht ob der die Vermögensmehrung begründende Vorgang selbst rechtmäßig oder rechtswidrig war[277].

---

[272] RGRK, § 812, Anm. 44; v. Caemmerer, Festschrift für Rabel, S. 338.

[273] Wilburg, S. 12 ff.; ihm folgend v. Caemmerer, Festschrift für Rabel, S. 342 f., besonders S. 352; Larenz II, S. 312; Enn.-Lehmann, S. 872, 886 ff.; Esser, S. 776, 806 ff.; RGRK, § 812, Anm. 44 und 75; Erman-Seiler, § 812, Anm. 5; vgl. in ähnlicher Richtung schon Mot., Bd. II, S. 829; Leonhard, S. 452; Heck, S. 421.

[274] So zu Unrecht Jung, in: RG, Festschrift, Bd. III, S. 155, 165; Plessen, S. 50; v. Mayr, S. 38, 40, 41.

[275] Wilburg, S. 27 ff.; v. Caemmerer, Festschrift für Rabel, S. 352 ff.; v. Lübtow, S. 24/25; Larenz II, S. 317/318; Enn.-Lehmann, S. 890; Esser, S. 806 ff.

[276] Wilburg, S. 14; RGRK, § 812, Anm. 75.

[277] Esser, Schuldrecht, S. 806; Larenz II, S. 317/318. Veräußert ein Nichtberechtigter eine bewegliche Sache entgeltlich an einen Gutgläubigen gemäß

Entscheidend für die Unrechtmäßigkeit des ohne Leistung eines anderen erlangten Erwerbes ist der Widerspruch zu der rechtlichen Güterzuordnung, die in der Gewährung der absoluten Rechte enthalten ist; der Erwerb einer in sonstiger Weise erlangten Bereicherung ist rechtsgrundlos, wenn er nach der Güterzuordnung einem anderen gebührt[278].

Die Wurzel der Eingriffskondiktion ist mithin im Recht des Betroffenen zu sehen. Richtig ist der von Schulz formulierte und von ihm als Erweiterung, von mir lieber als Einschränkung des oben zitierten römischrechtlichen Satzes angesehene Gedanke, niemand dürfe aus einem widerrechtlichen Eingriff in fremde Rechte einen Gewinn machen.

Das Wesen der absoluten Rechte besteht darin, daß sie dem Inhaber im Rahmen der Berechtigung eine ausschließliche und umfassende Nutzungs- und Herrschaftsbefugnis einräumen; ihm wird das Vermögensgut in allen seinen Ausstrahlungen, Gebrauchs- und Nutzungsmöglichkeiten zugeordnet. Jeder Inhaber eines solchen Rechtes hat im Rahmen seiner geschützten Stellung einen Anteil an den Nutzungen und Gebrauchsvorteilen, aber auch an der sozialen Situation, der Konjunktur. Der Eigentümer, der Inhaber eines Besitz-, Patent-, Gebrauchsmuster- oder Urheberrechtes ist grundsätzlich nicht gehindert, sein Recht wirtschaftlich so günstig wie möglich zu verwerten[279]. Dem Eigentümer einer Sache gebührt der Erlös aus ihrer Veräußerung, dem Inhaber eines Urheber- oder Patentrechtes stehen die aus der Verwertung seines Rechtes erzielten Gewinne zu. Man spricht daher vom Zuweisungsgehalt der absoluten Rechte und sieht darin den Maßstab für die Beurteilung der Rechtmäßigkeit eines Erwerbes. Wenn sich ein anderer die aus den absoluten Rechten fließenden wirtschaftlichen Vorteile unbefugt zunutze macht, so erlangt er etwas, was nach dem Zuweisungsgehalt nicht ihm, sondern dem Inhaber des Rechtes gebührt[280].

Wer ein fremdes Patent, wenn auch schuldlos, verletzt, hat den Wert rechtsgrundlos erlangt, den die Verwertung des geschützten Verfahrens hatte, muß also die angemessene Lizenzgebühr erstatten; wer fremde Gleisanlagen benutzt[281], fremde Möbel vermietet[282], muß für diese dem

---

den §§ 929, 932, so erlangt dieser einen Vorteil auf Kosten des sein Eigentum verlierenden Berechtigten; der den Erwerb begründende Vorgang der Veräußerung stellt sich auch als rechtswidriger Eingriff in das Eigentum des Berechtigten dar; trotzdem ist eine Ausgleichsmöglichkeit nicht gegeben, da der neue Zustand nicht materiell ungerechtfertigt ist, denn die Rechtsordnung will in diesem Fall dem Erwerber das Recht aus Gründen der Verkehrssicherheit endgültig zuordnen.

278 vgl. u. a. Larenz II, S. 317/318.

279 vgl. Esser, S. 804 (Schuldrecht).

280 Esser, S. 804.

281 RG 97, 310 (311/312).

282 vgl. RG 105, 408 (409), wo der Anspruch allerdings nicht aus dem Gesichtspunkt der Bereicherung gewährt wird.

Eigentümer oder sonstigen Nutzungsberechtigten zustehenden Vorteile eine angemessene Vergütung leisten bzw. die Nutzungen — den erlangten Mietzins — herausgeben[283]. Dem Eigentümer oder Fruchtziehungsberechtigten gebühren die vom Nichtberechtigten gezogenen Früchte auch dann, wenn er sie selbst nicht hätte ziehen können[284].

Abschließend ist festzustellen:

Eine Bereicherung in sonstiger Weise ist danach als ungerechtfertigt anzusehen, wenn sie im Widerspruch zum Zuweisungsgehalt des absoluten Rechts steht.

e) Schutzobjekte des Bereicherungsrechtes

Welche Rechte bereicherungsrechtlichen Schutz genießen und wieweit ihr Zuweisungsgehalt reicht, ist im einzelnen streitig; die Tendenz geht dahin, den Schutz auf möglichst viele Rechte, Rechtsgüter und Rechtspositionen auszudehnen.

Für die dinglichen Rechte ist der Bereicherungsschutz allgemein anzuerkennen[285].

Sehr bestritten ist dagegen, ob man einen Bereicherungsanspruch im Immaterialgüter- und Persönlichkeitsrecht zuerkennen soll.

In bezug auf die gewerblichen Schutzrechte hat die Rechtsprechung einen Bereicherungsanspruch bisher nur auf dem Gebiet des künstlerischen und literarischen Urheberrechtes zugelassen[286], im übrigen — z. B. bei der Verletzung eines Patent- oder Gebrauchsmusterrechtes — einen solchen mit dem Hinweis auf die abschließende Regelung der Ansprüche in den entsprechenden Spezialgesetzen abgelehnt. Im Schrifttum wird indes überwiegend ein Anspruch auch für das Patent- und Gebrauchsmusterrecht bejaht[287].

Dieser Auffassung ist beizupflichten, weil es sich bei diesen Rechten ebenso wie bei den dinglichen Rechten um Ausschließlichkeitsrechte mit einem konkreten Zuweisungsgehalt handelt, die dem Berechtigten die gesamte Nutzung und Verwertung des Rechtes einräumen[288].

Dem Warenzeichenrecht spricht Esser[289] einen bestimmten Zuweisungsgehalt ab, weil dieses dem Berechtigten keinen Tätigkeitsbereich zur aus-

---

[283] vgl. v. Caemmerer, Festschrift für Rabel, S. 357/358.

[284] vgl. dazu das von v. Caemmerer zitierte interessante Beispiel in RG JW 38, 3040 ff.

[285] Esser, Schuldrecht, S. 804, 807; v. Lübtow, a. a. O., S. 24, 27.

[286] BGH 20, 354 mit Nachweisen.

[287] RGRK, § 812, Anm. 10, 30, 33; Palandt-Gramm vor § 812, Anm. 4 v; Esser, Schuldrecht, S. 807; v. Caemmerer, a. a. O., S. 398; Baumbach-Hefermehl, Einl. z. UWG, Anm. 239; a. A. Erman-Seiler vor § 812, Anm. 2 a.

[288] vgl. Esser, Schuldrecht, S. 807.

[289] Esser, Schuldrecht, S. 807.

schließlichen Nutzung zuweise, keine Zuteilung, sondern nur eine Schutzposition enthalte.

Bei Persönlichkeitsrechten will Wilburg[290] einen Schutz gewähren, soweit diese vermögensrechtliche Tragweite haben, wie Arbeitskraft, Name, Firma, eigenes Bild[291]; Esser verlangt, daß sich das Persönlichkeitsrecht irgendwie konkretisiert habe.

Auch bei Wettbewerbsverstößen wird teilweise ein Bereicherungsanspruch befürwortet mit der Begründung, nur der lautere Wettbewerb bilde einen Rechtsgrund für den Erwerb[292].

Eine abschließende Stellungnahme zu den zuletzt genannten Rechten und dem Problem des Erwerbes auf Grund Wettbewerbsverstoßes würde über den Rahmen der Arbeit hinausgehen, da eine solche eine umfangreiche Untersuchung dieser Rechte sowie des Begriffs und der Folgen des Wettbewerbsverstoßes voraussetzt.

Eine allgemeine Regel ergibt sich aus der zutreffenden Unterscheidung v. Caemmerers[293], der den absoluten Rechten die bloßen Schutzpositionen gegenüberstellt, die keine Güterzuweisung enthalten und daher nicht Grundlage eines Bereicherungsanspruches sein können. Da die Eingriffskondiktion ihre Wurzel im verletzten absoluten Recht hat, dessen Verletzung darin besteht, daß es im Widerspruch zu seinem Zuweisungsgehalt gebraucht, verbraucht, genutzt oder verwertet worden ist, kann sie nicht Platz greifen, wo nur eine Schutzposition gegeben ist, die zwar auch nicht verletzt werden darf, die aber keine konkrete Zuweisung der sich aus der geschützten Sphäre ergebenden Vorteile und Möglichkeiten an einen bestimmten Berechtigten enthält[294].

f) Gegenstand und Umfang der Eingriffskondiktion

Was Gegenstand und Umfang der Ansprüche angeht, so ist ein Unterschied in der Formulierung bemerkenswert: Während Schulz die Rechte *auf* den Eingriffserwerb behandelt, sprechen v. Caemmerer und Mestmäcker stets nur von Ansprüchen *aus* Eingriffserwerb.

---

290 Wilburg, a. a. O., S. 43; dagegen Mestmäcker, a. a. O., S. 525.

291 vgl. BGH 20, 345 ff. und 26, 349 ff.; (Herrenreiter) RGRK, § 812, Anm. 21.

292 RGRK, § 812, Anm. 33; Baumbach-Hefermehl, a. a. O., Anm. 239.

293 v. Caemmerer, a. a. O., S. 396; ebenso Esser, Schuldrecht, S. 807.

294 vgl. Esser, S. 807. Die allgemeinen Verkehrssicherungspflichten dienen dem Schutz der Verkehrsteilnehmer und schaffen damit eine Schutzposition, weisen aber keinem Verkehrsteilnehmer ein Gut zu; eine Verletzung der beruflichen Geheimhaltungspflicht durch den Arzt oder Anwalt kann einen Schadensersatzanspruch begründen (§§ 823 II, 300 III StGB), schafft aber kein Rechtsgut; erhält der Arzt für eine unzulässige Information ein Entgelt, so begründet das keine Eingriffskondiktion auf den „Erlös".

Während für die Ansprüche außerhalb des Bereicherungsrechtes Klarheit besteht — nach den §§ 281 und 687 II ist das gesamte infolge der Unmöglichkeit bzw. durch den rechtswidrigen Eingriff Erlangte, sei es ein Gegenstand, sei es ein Veräußerungserlös, herauszugeben, und zwar auch dann, wenn der Berechtigte diesen Erwerb nicht gemacht hätte, und wenn er auf eine wertsteigernde Tätigkeit des Eingreifenden zurückzuführen ist[295] — bietet die Eingriffskondiktion Schwierigkeiten.

aa) Gemäß § 812 I 1 ist das konkrete Erlangte herauszugeben; was erlangt ist und wie es herauszugeben ist, richtet sich nach Art und Gegenstand der Vermögensbewegung[296]. § 818 I erweitert die Erstattungspflicht auf die aus dem ungerechtfertigten Erwerb gezogenen Nutzungen und Gebrauchsvorteile und auf die Surrogate, d. h. die Werte, die in Ausübung des Rechtes bestimmungsgemäß an dessen Stelle getreten sind, bzw. die Ersatzansprüche für Verlust und Beschädigung[297]. Ist die Herausgabe des Erlangten objektiv unmöglich, weil es sich — wie es beim Eingriffserwerb häufig der Fall sein wird — um den unbefugten Gebrauch, Verbrauch, die Nutzung oder Verwertung fremder Rechte handelt, oder subjektiv unmöglich, weil der Bereicherte das Erlangte veräußert hat[298], so ist der Eingreifende gemäß § 818 II zum Wertersatz verpflichtet. — Schließlich hat der nichtberechtigt aber wirksam Verfügende gemäß § 816 I 1 das Erlangte herauszugeben.

bb) Wo Gebrauch, Verbrauch oder Nutzung fremder Sachen oder Rechte unmittelbar einen Vermögensvorteil darstellen, liegt eine positive Bereicherung vor, die in der Regel durch Wertersatz nach § 818 II erstattet wird[299]. Das gilt insbesondere für Gebrauchsvorteile (Benutzen einer Wohnung), die nicht in Natur herausgegeben werden können, und für die Ersparnis von Aufwendungen, die durch den Verbrauch von Nahrungsmitteln, Futtermitteln oder Rohstoffen erzielt ist. Sind die erlangten Nutzungen dagegen Früchte im Sinne des § 99, so müssen sie gemäß § 818 I in Natur herausgegeben werden, z. B. der aus der Vermietung fremder Räume erzielte Mietzins; die Frage einer Wertersatzpflicht entsteht in diesem Falle nicht[300].

In § 818 II — der schlechthin von einer Wertersatzpflicht spricht — ist die Frage offen gelassen, ob der objektive Verkehrswert, der Wert,

---

[295] vgl. ERMAN-GROEPPER, § 281, Anm. 8; ESSER, Schuldrecht, S. 350; RG 138, 45 (50).

[296] ERMAN-SEILER, § 818, Anm. 2; RGRK, § 818, Anm. 6; PLANCK-LANDOIS, § 818, Anm. 1 a.

[297] ERMAN-SEILER, § 818, Anm. 4; PALANDT-GRAMM, § 818, Anm. 4 a, b; RGRK, § 818, Anm. 12.

[298] ERMAN-SEILER, § 818, Anm. 4, 5; PALANDT-GRAMM, § 818, Anm. 5; RGRK, § 818, Anm. 15 ff.

[299] vgl. ESSER, Schuldrecht, S. 781; ähnlich v. CAEMMERER, Festschrift für Rabel, S. 381; v. LÜBTOW, S. 34.

[300] vgl. ERMAN-SEILER, § 818, Anm. 5 b; RG 105, 408 (409).

den das Erlangte für den Verletzer, oder der, den es für den Verletzten hat, maßgebend sein soll. Der zuletzt erwähnte Wert scheidet aus, da der Bereicherungsanspruch im Gegensatz zum Schadensersatzanspruch nicht den Ausgleich von Verlusten des Beeinträchtigten bezweckt, sondern die Herausgabe dessen, was der Bereicherte zu viel in seinem Vermögen hat.

Andererseits kann auch der herrschenden Auffassung[301] nicht zugestimmt werden, die der Ersatzpflicht den objektiven Wert, den der Erwerb seiner Beschaffenheit nach im Verkehr für die Allgemeinheit besitzt, zugrunde legt. Sicher wird sich in den meisten Fällen die Vermögenssteigerung des Eingreifenden mit dem objektiven Wert des erlangten Vorteils decken. Es sind aber sehr wohl Fälle denkbar, in denen die tatsächlich im Vermögen des Verletzers verbliebene Erhöhung den Verkehrswert der erlangten Vorteile nicht erreicht. Wer beispielsweise einen komplizierten Rechenautomaten unrechtmäßigerweise für einfache Additionen benutzt, ist nur um die Gebrauchsvorteile bereichert, die eine einfache Additionsmaschine bietet, obwohl der Verkehrswert der von ihm erlangten Vorteile — die angemessene Miete des Automaten — ein erheblich höherer ist. Würde man in diesen Fällen einen objektiven Maßstab anlegen, so würde der gutgläubig Eingreifende unter Umständen auf mehr haften, als die Wertsteigerung seines Gesamtvermögens beträgt.

Im Regelfall ist der objektive Wert der erlangten Vorteile zu erstatten. Hat der Eingreifende eine fremde Wohnung benutzt, so schuldet er den angemessenen Mietzins gemäß § 818 II, wenn er sonst eine andere gleichgeartete und gleich teure Wohnung bewohnt hätte. Der Landstreicher dagegen, der die im Winter leerstehende Riviera-Villa bewohnt, während er sonst in U-Bahnschächten unentgeltlich schläft, braucht nicht die übliche Monatsmiete von 5000,— DM zu zahlen, obwohl er objektiv Gebrauchsvorteile dieses Wertes erlangt hat. Diese Vorteile stellen jedoch für ihn keine „Vermögensvorteile" dar, sondern lediglich ideelle Vorteile, für die kein Wertersatz geleistet wird.

Abschließend ist festzustellen, daß im Regelfall der objektive Wert der durch den Eingriff erlangten Vorteile zu erstatten ist, daß aber unter Umständen im Einzelfall auch einmal der subjektive Wert maßgebend sein kann, den die Vorteile für den Eingreifenden persönlich haben, wenn die Wertsteigerung seines Gesamtvermögens den Verkehrswert der erlangten Vorteile nicht erreicht. Übersteigt sie diesen sogar, so bleibt die Ersatzpflicht — anders als etwa bei § 281 — auf den objektiven Wert

[301] Vgl. Esser, Schuldrecht, S. 817; RGRK, § 818, Anm. 24; Staudinger-Lechner, § 818, Anm. 4f; Planck-Landois, § 818, Anm. 4a; Erman-Seiler, § 818, Anm. 5b; Palandt-Gramm, § 818, Anm. 5; RG 147, 396 (398); BGH 5, 197 (201/202).

begrenzt, wenn der Mehrvorteil auf der eigenen Leistung des Bereicherten beruht[302].

cc) Wenn man davon ausgeht, daß Gebrauch, Verbrauch und Nutzung fremder Sachen oder Rechte einen positiven Vermögensvorteil darstellen, so ist die Kritik Essers[303] an der Motorroller-Entscheidung berechtigt. Hätte der BGH darauf abgestellt, ob ein wirtschaftlich bedeutsamer Reklamewert erlangt ist, der in Natur nicht herausgegeben werden kann und dessen Wert in Form der üblichen und angemessenen Vergütung zu erstatten ist, so hätte auf die Ersparung von Aufwendungen nicht eingegangen zu werden brauchen. Besteht eine Bereicherung jedoch in ersparten Aufwendungen, so ist erforderlich, daß diese im Einzelfall tatsächlich erspart worden sind[304]. Bereicherungsrechtlich ist es falsch zu sagen, der Verletzer müsse sich an der von ihm selbst geschaffenen Lage festhalten lassen. Wer fremden Wein irrtümlich als geschenkt trinkt, braucht sich an der von ihm geschaffenen Lage nicht festhalten zu lassen, wenn er den Wein sonst nicht getrunken hätte.

Der Gesichtspunkt der ersparten Aufwendungen dient jedoch als Wertmesser bei der Ermittlung des Umfanges der Bereicherung[305], ohne daß in den Aufwendungen der erlangte Vermögensvorteil und der Gegenstand des Bereicherungsanspruches gesehen wird. Es ist im Bereicherungsrecht nicht entscheidend, wie die Situation bei ordnungsmäßigem Vorgehen des Verletzers sein würde und ob dem Verletzten eine Vergütung vorenthalten worden ist, die er an sich hätte verlangen können, worauf der BGH[306] zu Unrecht abstellt. Deshalb geht der Anspruch in dem erwähnten Fall der unrechtmäßigen Nutzung eines komplizierten Rechenautomaten für einfache Additionen nur auf den Nutzungswert einer einfachen Additionsmaschine, obwohl bei ordnungsmäßigem Vorgehen ein hoher Mietzins hätte gezahlt werden müssen ohne Rücksicht darauf, ob und wie der Verletzer die Maschine tatsächlich genutzt hat.

Der Gedanke der ersparten Aufwendungen und der Situation, wie sie bei ordnungsmäßigem Verhalten bestehen würde, ist außerdem für eine sachgemäße Begrenzung des § 818 III brauchbar[307]. Wer unbefugt ein Patent benutzt, kann dem Inhaber gegenüber nicht geltend machen, die Produktion sei wirtschaftlich ein Verlust gewesen und er sei darum nicht um die Lizenzgebühr bereichert; denn dieses Risiko hätte er auch bei ordnungsmäßigem Vorgehen selbst tragen müssen. Wer irrtümlich fremdes Material verbaut, erspart die Anschaffung anderen Materials und bleibt

---

302 Vgl. auch S. 99 der Arbeit.

303 Esser, Schuldrecht, S. 805.

304 v. Lübtow, a. a. O., S. 34.

305 vgl. Erman-Seiler, § 818, Anm. 5 b.

306 so BGH 20, 345 (355).

307 vgl. v. Caemmerer, Festschrift für Rabel, S. 381.

zur Wertvergütung nach § 951 verpflichtet, auch wenn das Haus inzwischen abgebrannt ist.

Es ist also stets erforderlich, daß der Verletzer durch Gebrauch, Verbrauch und Nutzung tatsächlich einen Vermögensvorteil im Sinne einer Vermögensvermehrung erlangt hat. Ob ein solcher gegeben ist, kann zumindest mit nach den ersparten Aufwendungen beurteilt werden, die einen Maßstab für den Wert der zu ersetzenden Nutzung bilden.

dd) Die Gebrauchsvorteile können — abgesehen von dem mit ihnen erlangten objektiven Wert — zu besonderen Erträgen geführt haben. Man denke an die Fälle, daß fremde Räume zu gewerblichen Zwecken benutzt werden, ein Kaufmann mit fremdem Geld arbeitet, oder ein Industrieunternehmen unbefugt ein gewinnbringendes Urheberrecht verwertet.

Die entscheidende Frage ist, ob nach den Vorschriften des Bereicherungsrechtes (§§ 812 I 1, 818 I, 818 II, 816 I 1) auch grundsätzlich der aus der Verletzung des Eigentums oder eines sonstigen Ausschließlichkeitsrechtes erlangte Gewinn herauszugeben ist.

In der Literatur wird die Gewinnherausgabe überwiegend abgelehnt[308]; die aus dem Eingriff erzielten Gewinne dürften nicht schlechthin als nach § 818 I herauszugebende Früchte des genutzten Rechtes, sondern ebenso wie der Begriff der ersparten Aufwendungen nur als Maßstab für die Ermittlung des Wertes der zu ersetzenden Nutzung betrachtet werden. Diese Entscheidung ist im Ergebnis insofern richtig, als ihre Vertreter dabei im wesentlichen den Fall im Auge haben, daß der aus dem Eingriff erzielte und den Verkehrswert der Nutzung übersteigende Gewinn auf besonderen Fähigkeiten des Eingreifenden beruht.

Wenn der Gewinn jedoch ausschließlich eine Folge des Eingriffs in das fremde Recht ist, so erscheint eine Herausgabe in vollem Umfang gerechtfertigt[309]. In diesem Fall ist das Erlangte im gesamten Umfang auf das verletzte Recht zurückzuführen und steht daher nach dem Zuweisungsgehalt des Rechts dem Berechtigten zu. Es ist kein Grund ersichtlich, dem Verletzten nur den objektiven Wert zu gewähren und den darüber hinaus erzielten Gewinn dem Eingreifenden zu belassen; denn der Berechtigte steht dem Gewinn für die Frage, wem er zuzuordnen sei, näher als der unbefugt Eingreifende.

In aller Regel beruht das vom Verletzer anläßlich der Verletzung Erlangte nicht ausschließlich auf dem Recht des Verletzten, sondern auch auf den Fähigkeiten, persönlichen Leistungen und Betriebseinrichtungen des Eingreifenden, was berücksichtigt werden muß[310]. In vielen Fällen

---

[308] vgl. v. CAEMMERER, Festschrift für Rabel, S. 356, 359; ERMAN-Seiler, § 818, Anm. 5 b; ESSER, Schuldrecht, S. 817.

[309] So richtig WILBURG, a. a. O., S. 126.

[310] BAUMBACH-HEFERMEHL, Einl. z. UWG, Anm. 239.

ist der rechtswidrige Eingriff, z. B. die unbefugte Nutzung eines Patentes für die Konstruktion eines wichtigen Maschinenteiles, gar nicht denkbar ohne komplizierte und wertvolle Betriebseinrichtungen des Verletzers. Man hält es für unbillig, wenn etwa der Patentverletzer den erzielten Gewinn, der in dem erwähnten Beispiel nicht nur das Ergebnis des geschützten Verfahrens ist, herausgeben müßte; denn dann könnte der Inhaber der Nutzung seines Rechtes untätig zusehen und im Erfolgsfall den Gewinn an sich ziehen[311].

Diese Bedenken, die der Anwendung des Bereicherungsrechtes bei gewerblichen Schutzrechten entgegenstehen, entfallen, wenn der Anspruch auf eine angemessene Vergütung für die Nutzung beschränkt wird[312]. — Im Fall des Duldens der Ausnutzung des Patentes durch den Inhaber könnten auch der Rechtsgedanke des § 254[313] oder die Grundsätze über den Rechtsmißbrauch herangezogen werden. Wer davon Kenntnis hat, daß jemand sein Ausschließlichkeitsrecht unter Einsatz seiner Betriebseinrichtungen unbefugt nutzt und nicht dagegen einschreitet, muß sich so behandeln lassen, als habe er den Eingriff gegen die übliche Vergütung gestattet; denn wenn er unter Berufung auf den Eingriff in sein Recht den gesamten Gewinn herausverlangen wollte, würde er gegen das Verbot des „venire contra factum proprium“ verstoßen. Ihm wird also nur ein Anspruch auf angemessene Vergütung, nicht auf den vollen Gewinn gewährt. Solcher Erwägungen bedarf es indes nicht bei richtiger Erfassung des Erlangten und damit des Gegenstandes des Anspruches.

Der vom Verletzer erzielte Brutto-Gesamterfolg läßt sich in drei Bestandteile zerlegen, nämlich den Beitrag des Verletzten in Form des verletzten Rechtes, den Beitrag des Verletzers in Form seiner Betriebseinrichtungen, seiner Organisation, seiner Fähigkeiten und seines Arbeitsaufwandes bei der unbefugten Verwertung des fremden Rechtes und schließlich den vom Eingreifenden erzielten Nettogewinn. Die Berücksichtigung der eigenen Beiträge des Verletzers kann nicht unter dem Gesichtspunkt der „Gewinnverteilung“ erfolgen; denn die globale Frage, wem der aus der Rechtsverletzung entstandene Gewinn gebührt, kann grundsätzlich nur zugunsten des Berechtigten entschieden werden. Gleichwohl wird man die Eigenleistung des Verletzers berücksichtigen müssen. Mag es sich dabei um die Zurverfügungstellung der Betriebsanlagen, der Arbeitskräfte oder um die besonderen persönlichen Fähigkeiten des Unternehmers handeln, stets stellen diese Eigenleistungen einen in Geld ausdrückbaren Vermögenswert dar. Nur mit Hilfe dieses geldwerten Beitrages ist der aus der unbefugten Verwertung des fremden Rechtes erlangte Gewinn erzielt worden.

---

[311] v. Caemmerer, a. a. O., S. 356; Wilburg, a. a. O., S. 126; Leonhard, Schuldrecht II, S. 458.

[312] So Ulmer, Urheberrecht, S. 308.

[313] Mestmäcker, a. a. O., S. 525.

Daß diese Eigenleistungen des Verletzers anzurechnen sind, ergibt sich zwingend aus dem Wesen des Bereicherungsanspruchs, denn das, was der Verletzer selbst an vermögenswerten Aufwendungen zum Gesamterfolg beigetragen hat, hat er nicht auf Kosten des Verletzten erlangt, und darum ist er nicht ungerechtfertigt bereichert.

Auch Schulz, der nach der Auffassung Mestmäckers[314] den Rechtsinhaber einseitig bevorzugt, berücksichtigt sehr wohl die Tätigkeit und Leistung des Eingreifers in einer „Gegenrechnung des Herausgabepflichtigen[315]". Diese führt er systematisch richtig auf den Gedanken zurück, daß im Vermögen des Eingreifers der Zustand herzustellen ist, der ohne den Eingriff im Zeitpunkt der Geltendmachung des Anspruchs bestehen würde. Aus der Berücksichtigung dieser hypothetischen Vermögenslage ergibt sich jedoch nicht notwendig, daß dem Eingreifer der Gewinn stets abzunehmen sei, wie Schulz meint, sondern im Wirtschaftsleben eher das Gegenteil; denn vielfach wird die Situation so gelagert sein, daß beispielsweise ein Fabrikant, der unbefugt, aber gutgläubig, ein fremdes Patent nutzt, bei Kenntnis seiner Nichtberechtigung das gleiche Patent oder ein anderes unter Vereinbarung einer angemessenen Vergütung genutzt und dabei vermutlich einen ähnlichen Gewinn gezogen hätte. Gerade dadurch, daß ihm zwar der Gewinn belassen wird, er aber die übliche Lizenzgebühr — die er in jedem Fall hätte zahlen müssen und die er praktisch durch den rechtswidrigen Eingriff gespart hat — erstatten muß, wird in seinem Vermögen der Zustand hergestellt, der ohne die Verletzung bestehen würde.

Abschließend ist noch die Auffassung Hefermehls[316] zu erwähnen, der die Frage der „Gewinnverteilung" unter dem Aspekt löst, daß die Bereicherung in der „Nutzung eines fremden Rechtes ohne Entgelt" bestehe.

Damit vermischt er zwei mögliche Bereicherungsgegenstände, nämlich die Erlangung positiver Vorteile durch Nutzung und Gebrauch, die nicht in Natur herausgegeben werden können und deren Wert daher gemäß § 818 II zu ersetzen ist, und die Ersparung von Aufwendungen als unterbliebene Vermögensminderung. Wo ein positiver Vermögensvorteil erlangt ist, etwa ein Reklamewert[317], ist die Bereicherung in diesem positiven Wert zu sehen, und für ersparte Aufwendungen als Gegenstand der Bereicherung ist kein Raum[318].

Der Gesichtspunkt der ersparten Aufwendungen ist aber heranzuziehen zur Prüfung, ob der erlangte Gebrauchs- oder Nutzungswert tatsächlich einen *Vermögens*vorteil darstellt; entscheidend ist der subjektive

---

[314] Mestmäcker, a. a. O., S. 523.

[315] Schulz, a. a. O., S. 451.

[316] Baumbach-Hefermehl, Einl. z. UWG, Anm. 239.

[317] vgl. BGH 20, 345 ff.

[318] Esser, Schuldrecht, S. 805.

Nutzungswert, der wirtschaftliche Vorteil, den der Verletzer tatsächlich erlangt hat.

ee) Im Rahmen des § 816 I 1 ist ebenfalls streitig, ob der Nichtberechtigte das gesamte Erlangte auch dann herauszugeben hat, wenn es den Verkehrswert des Verfügungsgegenstandes übersteigt, oder ob er nur den Wert des veräußerten Gegenstandes zu ersetzen braucht.

Im ersteren Sinne entscheidet die herrschende Lehre[319] mit dem Hinweis auf den Wortlaut der Vorschrift. Das ist allerdings ein wenig überzeugendes Argument, da das Wort „Erlangtes" auch einer einschränkenderen Auslegung zugänglich wäre, wenn sich eine solche zwingend aus dem Begriff des Bereicherungsanspruchs oder aus dem Zusammenhang mit den übrigen Vorschriften des Bereicherungsrechtes ergeben würde[320].

Auch die Begründung, wer fremde Substanz riskiere, riskiere wenigstens das eigene Können[321], vermag die herrschende Lehre nicht zu rechtfertigen, da sie nur für den bewußt unbefugt Verfügenden zutrifft.

Eine ständig wachsende Mindermeinung[322] will daher den Surrogationsanspruch auf den Ersatz des Verkehrswertes beschränken, der Überschuß soll dem Verfügenden verbleiben.

Larenz[323] folgert aus dem Zweck des Bereicherungsrechtes, den Ausgleich einer unrichtig gewordenen tatsächlichen Verteilung von Vermögenswerten herbeizuführen, daß der Erlös nicht über den Wert der Sache hinausgehen dürfe, da sonst nicht nur die beim Berechtigten eingetretene Vermögensminderung ausgeglichen, sondern er noch seinerseits bereichert würde.

Diese Argumentation übersieht, daß eine Vermögenseinbuße des Berechtigten weder Voraussetzung noch Grenze des Anspruches ist; Aufgabe des Bereicherungsrechtes ist nicht, eine Vermögensminderung des Berechtigten auszugleichen, sondern einen grundlosen Zuwachs im Vermögen des Bereicherten. Wenn der Verletzte in diesem Fall tatsächlich im Verhältnis zum früheren Zustand „bereichert" würde, so ist diese Bereicherung jedenfalls nicht rechtsgrundlos, weil ihm als Rechtsinhaber der gesamte Veräußerungserlös gebührt. Daß die besonderen Fähigkeiten des Eingreifenden berücksichtigt werden, wenn sie einen geldwerten Beitrag zu dem Erlangten darstellen, steht dem nicht entgegen.

---

[319] vgl. PLANCK-LANDOIS, § 816, Anm. IV; STAUDINGER-LECHNER, § 818, Anm. 11; BGH 29, 157 (159 ff.).

[320] Im übrigen weist v. CAEMMERER zutreffend darauf hin, daß die in § 816 I 1 gewählte Formulierung mit Rücksicht auf § 46 KO erforderlich sei, da § 816 I 1 vom Normalfall ausgehe, daß der erzielte Preis dem Wert der Sache entspreche: Festschrift für Lewald, S. 447.

[321] vgl. ESSER, 1. Aufl., S. 448.

[322] RGRK, § 816, Anm. 19; ESSER, S. 810; LARENZ II, S. 323 ff.; JUNG, in: RG-Festschrift, Bd. III, S. 156; v. CAEMMERER, Festschrift für Lewald, S. 447 ff.; ders., Festschrift für Rabel, S. 357; v. LÜBTOW, S. 29 u. a.

[323] LARENZ II, S. 23 ff.

Die Begründung Jungs[324], § 687 II wäre überflüssig, wenn bereits nach § 816 I 1 der ganze Gewinn herausgegeben werden müßte, ist ebenfalls nicht stichhaltig. Man kann nicht eine Anspruchsfolge in einer Vorschrift allein deshalb ausschließen, weil für die gleiche Folge in einer anderen Vorschrift strengere Anforderungen gestellt sind; im übrigen wäre § 687 II nicht überflüssig, weil sich aus ihm noch andere Ansprüche ergeben als solche auf das Surrogat, z. B. § 666.

V. Caemmerer[325] will bei § 816 zwischen gut- und bösgläubigem Nichtberechtigten unterscheiden und nur letzteren zur Gewinnherausgabe verpflichten. Für eine solche Differenzierung ist indes innerhalb des § 816 kein Raum, weil das Gesetz für die Anspruchsgrundlage nicht zwischen gut- und bösgläubigem Eingreifer unterscheidet; da die primäre Kondiktionsschuld in beiden Fällen die gleiche und lediglich das Einstehenmüssen für die einmal entstandene Verpflichtung kraft § 818 IV eine verschärfte ist, so kann die Unredlichkeit nicht schon bei der Entstehung des Anspruches für seine Höhe maßgebend sein.

Schließlich wird geltend gemacht, die Beschränkung des § 816 I 1 — der nur als besonders geregelter Fall des § 812 I 1 aufzufassen sei — auf Wertersatz entspreche der allgemeinen Regelung der §§ 812, 818 II und 951 und stelle die „notwendige Harmonie" mit der Behandlung der Leistungsrückgewähr her[326]. — Die Tatsache, daß § 816 ein besonders ausgestalteter Fall der „Bereicherung in sonstiger Weise" im Sinne des § 812 I 1 2. Altern. ist, steht einer Gewinnherausgabe nicht entgegen, da nach § 812 I 1 das gesamte Erlangte herauszugeben ist. Der Hinweis auf die abweichende Regelung des § 818 II, die nach herrschender Auffassung[327] eine Herausgabe des commodum ex negotione ausschließt, ist nicht entscheidend; in diesem Fall verfügt der zwar ungerechtfertigt Bereicherte aber doch formal Berechtigte, während es sich im Fall des § 816 I 1 um den rechtswidrigen Eingriff in ein fremdes Rechtsgut handelt und dieser Unterschied eine unterschiedliche Behandlung rechtfertigen kann. — Bei § 951 handelt es sich um eine Vorschrift, die die Erstattung der Bereicherung aus rechtswidrigem Eingriff in fremdes Eigentum in drei besonderen Fällen — aus Verbindung, Vermischung und Verarbeitung — regelt und aus wirtschaftlichen Gründen lediglich eine Vergütung des verlorenen Rechtes in Geld, keine Naturalherstellung, gewährt.

Schließlich ist die Berufung auf das Erfordernis der Gleichbehandlung von Leistungs- und Eingriffskondiktion wenig überzeugend, da beide Ansprüche ihre Wurzel in völlig verschiedenen Grundlagen haben, im Fehlen einer schuldrechtlichen Beziehung einerseits, im Widerspruch zum Zuweisungsgehalt eines absoluten Rechtes andererseits, mag letztes Ziel

---

[324] RG-Festschrift, Bd. III, S. 156.
[325] Festschrift für Lewald, S. 448.
[326] So v. Caemmerer, Festschrift für Lewald, S. 448.
[327] vgl. statt aller Erman-Seiler, § 818, Anm. 4 und 5.

aller Bereicherungsansprüche auch sein, eine aus formellen Gründen vorgenommene Güterzuordnung mit dem Prinzip der materiellen Gerechtigkeit in Einklang zu bringen.

Wenn man den Grund des Anspruches im Zuweisungsgehalt des absoluten Rechtes sieht, das dem Inhaber eine umfassende Nutzungs- und Herrschaftsbefugnis einräumt und ihm das Vermögensgut in allen seinen Gebrauchs- und Nutzungsmöglichkeiten zuordnet, so muß man dazu auch den über den objektiven Wert des Gutes hinaus erlangten Gewinn zählen, der durch einen mehr oder weniger zufälligen Umstand, z. B. eine plötzlich auftauchende kurzfristige Nachfrage nach Gütern der betreffenden Art, das besondere Interesse des Vertragspartners, zurückzuführen ist. Derartige günstige, in der allgemeinen sozialen Situation, der Konjunktur begründete oder sich im Einzelfall ergebende Möglichkeiten gehören zu dem umfassenden Zuweisungsgehalt der absoluten Rechte, was Esser[328] selbst ausdrücklich feststellt. Sie gebühren dem Berechtigten, da der Eingreifende keinen Anspruch auf den aus dem absoluten Recht nur unter besonders günstigen Umständen erzielten Gewinn gegenüber dem Berechtigten hat[329]. Es besteht kein Grund, dem Rechtsinhaber nur den objektiven Wert seines Rechtes zu ersetzen und dem Eingreifer den Gewinn zuzuordnen.

Eine andere Beurteilung muß allerdings Platz greifen, wenn der über den Wert hinaus erzielte Gewinn im wesentlichen auf den besonderen persönlichen Fähigkeiten und Kenntnissen des Verfügenden, ihm zustehenden günstigen Veräußerungsmöglichkeiten — z. B. durch ein bekanntes gut eingeführtes Geschäft oder besondere Geschäftsbeziehungen — beruht, da es sich insoweit um einen geldwerten Beitrag des Eingreifenden zu dem Erlangten handelt.

g) Recht auf den Eingriffserwerb als Schadensersatz- und als Bereicherungsanspruch

Zutreffend weist v. Caemmerer[330] darauf hin, es handele sich nicht mehr lediglich um eine „Art der Schadensberechnung", wenn dem Verletzten der Anspruch unabhängig davon zustehe, ob er selbst in der Lage gewesen wäre, die Lizenz zu vergeben oder die unter Verletzung seines Rechtes gezogenen Gewinne zu erzielen.

Eine Schadens*berechnung* setzt in der Tat einen Schaden notwendig voraus. Es wird indes verkannt, daß es sich bei den Ansprüchen auf eine angemessene Vergütung bzw. den erzielten Gewinn jeweils um zwei verschiedene Anspruchsgrundlagen handeln kann, nämlich um einen

[328] Schuldrecht, S. 804.

[329] vgl. Esser, Schuldrecht, S. 804, 807; v. Caemmerer, Festschrift für Rabel, S. 382; v. Lübtow, S. 24, 27, 29.

[330] vgl. v. Caemmerer, Festschrift für Rabel, S. 354.

Schadensersatzanspruch oder einen Bereicherungsanspruch. Diese beiden Ansprüche werden auch vom BGH[331] und vom Schrifttum[332] unterschieden, jedoch gerade vom BGH in ihren Voraussetzungen so verwirrend dargestellt, daß Ulmer im Anschluß an den BGH zu dem geradezu grotesken Ergebnis kommt, soweit es sich um einen Schadensersatzanspruch handele, sei es unerheblich, ob dem Verletzten entsprechende Einnahmen tatsächlich entgangen sind, er also einen Schaden erlitten hat; soweit jedoch ein Bereicherungsanspruch in Rede stehe, sei erforderlich, daß er den Gewinn selbst hätte erzielen können, denn nur in dieser Höhe sei er entreichert und der Gewinn auf seine Kosten erzielt.

Diese Folgerung findet in den zwei zitierten BGH-Entscheidungen (Motorroller und Herrenreiter) eine Stütze. Nach Auffassung des BGH handelt es sich bei dem Anspruch auf angemessene Vergütung nicht um die Anwendung der allgemeinen Bestimmungen des Schadensersatzrechts, sondern um ihre gewohnheitsrechtliche Ergänzung für den Fall der Verletzung von Ausschließlichkeitsrechten, die auf einem praktischen Bedürfnis und der Billigkeitserwägung beruhe, daß niemand durch den unerlaubten Eingriff in solche Rechte besser gestellt werden solle, als er im Fall einer ordnungsmäßig erteilten Erlaubnis durch den Rechtsinhaber stehen würde. Dabei sei keinesfalls erforderlich, daß ein Vertrag bei einwandfreiem Verhalten des Verletzers tatsächlich zustande gekommen wäre[333].

Nun könnte man sich damit abfinden, daß hier ein besonderer Ersatzanspruch für Rechtsverletzungen geschaffen wäre, die nicht zu einem Schaden geführt haben, wenn der BGH nicht im nächsten Absatz[334] einschränkend diese Art der Schadensberechnung nur dann zulassen würde, wenn davon ausgegangen werden könne, daß ein Vermögensschaden irgendwelcher Art zugefügt worden sei und nur der oft schwierige Nachweis der Höhe des Schadens erleichtert werden solle.

Auf die Problematik der Ausführungen zum Bereicherungsanspruch ist bereits hingewiesen worden. Insoweit wird zunächst nicht klargestellt, worin die Bereicherung gesehen wird, in der Erlangung eines positiven Vorteils oder in ersparten Aufwendungen. Zutreffend hält der BGH[335] es für unerheblich, daß dem Kläger ein Urheberrecht nicht zustand und es fraglich sein kann, ob er sich ein Entgelt durch andere Verwertung der Bilder hätte beschaffen können. Unrichtig ist dagegen, darauf abzustellen, daß dem Kläger die Honorierung, die er hätte verlangen können, vorenthalten worden ist; denn das erweckt den Eindruck, als sei eine Einbuße

---

[331] BGH 20, 354 ff.; 26, 349 ff.

[332] Baumbach-Hefermehl, Einl. z. UWG, Anm. 236—239; Ulmer, a. a. O., S. 405—407.

[333] vgl. BGH 26, 352.

[334] BGH 26, 349 (352/353).

[335] BGH 20, 345 (355).

Anspruchsvoraussetzung. Richtig ist wieder der nächste Satz, der Bereicherungsanspruch solle nicht eine Vermögensminderung im Vermögen des Benachteiligten, sondern einen grundlosen Vermögenszuwachs im Vermögen des Bereicherten ausgleichen. Im krassen Widerspruch dazu steht die Ablehnung eines Bereicherungsanspruchs im Herrenreiter-Fall, die der BGH[336] damit begründet, daß der Kläger eine vermögensrechtliche Benachteiligung nicht erfahren habe und demzufolge auch eine Vermögensverschiebung als Voraussetzung der in § 812 normierten Ansprüche nicht gegeben sei. Mit diesem Satz wird unrichtigerweise die Schadenstheorie im Bereicherungsrecht erneut auf den Schild gehoben.

Eine beachtliche Auffassung vertritt Hefermehl[337]. Er unterscheidet klar Schadensersatzanspruch und Bereicherungsanspruch, stellt für den Schadensersatzanspruch § 823 als Anspruchsgrundlage heraus und verlangt für den Anspruch auf den Gewinn, den er als Schadensersatzanspruch inhaltlich aus § 687 II herleitet, daß der Verletzte den Gewinn tatsächlich gemacht haben könnte. Für den Bereicherungsanspruch aber, der die angemessene Vergütung des genutzten Rechtes zum Gegenstand hat, hält er mit Recht für unerheblich, ob der Verletzte den gleichen Gewinn hätte erzielen können.

6. Bereicherungsansprüche im öffentlichen Recht

Die Anwendbarkeit der §§ 812 ff. im öffentlichen Recht ist bestritten. Forsthoff[338] lehnt eine Anwendung nicht nur ab, weil die Vorschriften für das öffentliche Recht nicht passen, sondern weil das Verwaltungsrecht im Erstattungsanspruch ein eigenes Rechtsinstitut entwickelt habe, dem die Rechtsgrundsätze zu entnehmen seien, welche die analoge Heranziehung der §§ 812 ff. liefern soll. Wolff[339] will eine entsprechende Anwendung zulassen, wenn die Interessenlage kongruent ist.

Demgegenüber werden im zivilrechtlichen Schrifttum[340] allgemein die materiellen Regeln des Bereicherungsrechts wenigstens insoweit für auch im öffentlichen Recht anwendbar gehalten, als sie allgemeine Rechtsgedanken ausdrücken, die ihrer Natur nach im gesamten Rechtsleben Geltung beanspruchen.

Der Zweck der Bereicherungsansprüche, den Widerspruch zwischen formeller Rechtslage und materieller Gerechtigkeit zu lösen, kann dazu

---

[336] BGH 26, 349 (353/354).

[337] Baumbach-Hefermehl, Einl. zum UWG, Anm. 236—239.

[338] Forsthoff, Verwaltungsrecht, S. 161.

[339] Wolff, Verwaltungsrecht, S. 234.

[340] RGRK vor § 812, Anm. 40; Erman-Seiler vor § 812, Anm. 2 b; Soergel-Erdsiek, § 812, Anm. 13 c; Palandt-Gramm, Einf. vor § 812, Anm. 6; Enn.-Lehmann, S. 873; vgl. aber Staudinger-Lechner, Vorbem. vor § 812, Anm. 11 und Esser, S. 771.

verführen, sie auch im öffentlichen Recht als Ausgleichsnormen für alle unbegründeten Rechtsänderungen anzuwenden, wenn spezielle Vorschriften fehlen[341]. Das RG[342] hat anfänglich die §§ 812 ff. vielfach auf Erstattungsansprüche aus öffentlich-rechtlichen Rechtsverhältnissen, z. B. auf die Rückforderung zuviel bezahlter Beamtenbezüge, angewandt.

Eine direkte Anwendung der §§ 812 ff. in allen nicht normierten Fällen, in denen ein Ausgleich aus Gründen der Gerechtigkeit geboten erscheinen mag, ist indes, wie Esser[343] zutreffend bemerkt, nicht möglich. Die §§ 812 ff. können unmittelbar nur angewandt werden, wenn ausdrücklich auf sie Bezug genommen ist. Etwa verbleibende Lücken sollen durch öffentlich-rechtliche Bestimmungen geschlossen werden. Das Rechtsinstitut des öffentlich-rechtlichen Erstattungsanspruches ist heute so weit entwickelt — es umfaßt rechtmäßige und rechtswidrige Eingriffe in alle absoluten Rechte und schutzwürdige Rechtspositionen —, daß sich damit in den meisten ausgleichsbedürftigen Lagen eine gerechte Lösung erzielen läßt[344].

Darüber hinaus wird man auch im öffentlichen Recht den in den §§ 812 ff. zum Ausdruck gelangten Grundsatz gelten lassen, daß niemand zum Nachteil eines anderen Vermögensvorteile behalten darf, die mit der materiellen Gerechtigkeit nicht in Einklang stehen[345]; das gilt aber nicht in der Form, daß dieser Grundsatz eine selbständige Anspruchsgrundlage für alle nicht gesetzlich geregelten, aber einen Ausgleich erheischenden Situationen darstellt, vielmehr bildet er einen Leitgedanken im System der öffentlich-rechtlichen Erstattungsansprüche.

7. Zusammenfassung

Den Ersatzansprüchen — ihnen gehören Aufopferungsanspruch und Gefährdungshaftung an —, bei denen *Einbußen* des Verletzten ausgeglichen werden, stehen die Erstattungsansprüche gegenüber, die eine gerechte Zuordnung von *Vorteilen* gewährleisten sollen.

Das bürgerliche Recht kennt in den §§ 281, 687 II, 681, 2, 667, 812 ff., 987 ff. ein „System der Rechte auf den Eingriffserwerb". Die Rechtsprechung zu den gewerblichen Schutzrechten und die Entscheidungen „Motorroller" und „Herrenreiter" haben gezeigt, daß eine strenge Trennung von Ersatz- und Erstattungsansprüchen, von Schadenserleidung und Vorteilserlangung als Haftungsgründen — obwohl möglich — nicht durchgeführt ist. Hier sollte man im Interesse der systematischen Klarheit um exaktere Formulierungen bemüht sein und der von Hefermehl vor-

---

341 So richtig, Esser, S. 771.
342 vgl. RG 90, 314 (316).
343 Esser, Schuldrecht, S. 771.
344 Esser, Schuldrecht, S. 771.
345 Esser, Schuldrecht, S. 771.

geschlagenen Unterscheidung von Schadensersatz- und Bereicherungsansprüchen folgen.

Der Grundgedanke der §§ 812 ff., daß niemand zum Nachteil eines anderen und im Widerspruch zur materiellen Gerechtigkeit Vermögensvorteile behalten darf, gilt auch im öffentlichen Recht.

B. Der Vergleich der Institute

1. Allgemeines

Beim Aufopferungsanspruch einerseits und den Rechten auf den Eingriffserwerb andererseits handelt es sich ihrer Natur nach um grundverschiedene Institute, weil im einen Fall ein Schaden auszugleichen, im anderen ein Vorteil zuzuordnen ist. Anspruchsvoraussetzung ist somit beim Aufopferungsanspruch ein Schaden ohne Rücksicht auf einen Vorteil des Ausgleichspflichtigen, bei den Rechten auf den Eingriffserwerb dagegen ein Vorteil ohne Rücksicht auf einen entsprechenden Schaden des Betroffenen. Beim Aufopferungsanspruch wird im Vermögen des Verletzten, bei den Rechten auf den Eingriffserwerb im Vermögen des Verletzers der Zustand hergestellt, der ohne die Verletzung bestehen würde.

Haftungsgrund ist beim Aufopferungsanspruch die von der Rechtsordnung ausnahmsweise wegen einer bestehenden Interessenkollision zugelassene Beeinträchtigung fremder Rechte, das den einzelnen im Verhältnis zu den übrigen Bürgern ungleich belastende Sonderopfer.

Die Ausdehnung des Anspruchs auf Fälle von der Rechtsordnung nicht zugelassener Beeinträchtigungen ändert nichts daran, daß sich der Aufopferungsanspruch seiner Idee und seinem Charakter nach auf rechtmäßige Schädigungen bezieht. Durch das Hinzutreten von Rechtswidrigkeit und Verschulden ändert sich der Haftungsgrund in besonderer Art; eine Entschädigungspflicht besteht in diesen Fällen nicht *wegen*, sondern *trotz* Rechtswidrigkeit und Verschuldens. Nicht die Aufopferungssituation, die Interessenkollision, die nicht vorhanden sind, und ebensowenig die Rechtswidrigkeit — denn eine Ersatzpflicht würde auch bei Rechtmäßigkeit bestehen — begründen den Ersatzanspruch, sondern der Umstand, daß beim Vorliegen der Zulässigkeitsvoraussetzungen für die schädigende Handlung ein solcher Anspruch bestehen würde und der Geschädigte bei einer rechtswidrigen Schädigung nicht schlechter stehen soll als bei einer gleichartigen rechtmäßigen.

2. Die Eingriffskondiktion

Voraussetzung einer Eingriffskondiktion ist ein bestimmtes, vom Willen gesteuertes Verhalten, durch das fremde Rechte durch Nutzung,

Verbrauch, Veräußerung oder Vernichtung verletzt werden. Das Bewußtsein des Handelnden, in fremde Rechte einzugreifen, ist nicht erforderlich; ein Anspruch besteht sowohl wenn der Verletzte gutgläubig ist, also glaubt, sein eigenes Recht oder ein fremdes berechtigterweise zu nutzen, als auch wenn er bösgläubig ist, also bewußt in fremde Rechte eingreift.

Das Merkmal der Unrechtmäßigkeit bezieht sich nicht auf die Handlung des Erstattungspflichtigen, sondern allein auf den Erfolg, den dieser durch die Inanspruchnahme eines fremden Gutes im Widerspruch zu den an ihm bestehenden Rechten, die dem Inhaber und nur diesem die Vorteile zuweisen, erzielt hat. Wie bei der Deliktshaftung ist auch hier ein Unrecht gutzumachen; der Unrechtmäßigkeit der Verletzung des Güterstandes im Deliktsrecht entspricht im Bereicherungsrecht die Unrechtmäßigkeit des Behaltens eines erlangten Vorteils[346].

Beim Aufopferungsanspruch im ursprünglichen engeren Sinne fehlt es grundsätzlich an der Unrechtshandlung. Die Rechtsordnung läßt den Eingriff in das fremde Gut zu, aber nur ausnahmsweise, und gerade deshalb besteht der Ersatzanspruch. Durch die Gestattung des Eingriffs beim Aufopferungsanspruch will die Rechtsordnung nicht endgültig eine andere Güterzuordnung vornehmen. Der Eingriff wird zugelassen, der Erfolg in Form der Verletzung aber andererseits vom Standpunkt einer endgültigen Güterverteilung aus mißbilligt und daher die Ausgleichspflicht statuiert. Durch den rechtmäßigen Eingriff beim Aufopferungsanspruch entsteht genau wie durch den rechtswidrigen Eingriff beim Eingriffserwerb eine „unrechtmäßige“ Vermögenssituation, die korrigiert werden muß.

Diese Gesichtspunkte gelten auch dann, wenn das dem Aufopferungsanspruch zugrunde liegende Verhalten im Einzelfall rechtswidrig war, weil die Rechtswidrigkeit den Anspruch weder begründet noch ausschließt; sie steht vielmehr außerhalb der Betrachtung.

Dem Begriff des Vorteils kommt bei Aufopferungsanspruch und Eingriffskondiktion eine ganz verschiedene Bedeutung zu. Wenn Hubmann[347] eine Verwandtschaft von Aufopferungsanspruch und Bereicherungsrecht darin sieht, daß beiden der Gedanke der Vorteilsausgleichung zugrunde liege, so kann dem nicht gefolgt werden.

Von einer Vorteilsausgleichung kann nur gesprochen werden, wenn Vorteile zu Nachteilen in irgendeine Beziehung gesetzt werden. So steht beim Aufopferungsanspruch dem Vorteil, der in der Zulässigkeit der Verfolgung eigener Interessen auf Kosten fremder Rechtsgüter liegt, der Nachteil der Entschädigungspflicht gegenüber.

---

[346] Esser, Schuldrecht, S. 766.
[347] a. a. O., S. 492, Ziff. VI.

Davon kann bei der Eingriffskondiktion keine Rede sein, wo es ausschließlich darum geht, einen Vermögensvorteil dem zuzuordnen, dem er gebührt; ein konkreter Schaden braucht dem herauszugebenden Vorteil nicht gegenüberzustehen.

Andererseits setzt der Aufopferungsanspruch nicht die erfolgreiche Interessenverfolgung, die Erlangung eines konkreten Vorteils voraus, sondern ein Entschädigungsanspruch besteht auch dann, wenn das von der Rechtsordnung zugelassene schädigende Verhalten dem Schädiger selbst erhebliche oder ausschließlich Nachteile erbracht hat.

Eine Eingriffskondiktion setzt dagegen stets die Erlangung eines Vermögensvorteils voraus. Ein Anspruch besteht nur gegen den, der unmittelbar einen konkreten Vorteil in Form einer Vermehrung seines Vermögens oder einer vermiedenen Einbuße erlangt hat.

Bei einzelnen Aufopferungstatbeständen, bei denen der Entschädigungspflichtige stets einen konkreten Vorteil erlangt (z. B. Überbau und Notweg, §§ 912, 917), den er zwar gegenständlich nicht herausgeben kann und soll, für den er aber gleichsam „Wertersatz" — um die Formulierung des § 818 II zu gebrauchen — leisten muß, werden Beziehungen zum Bereicherungsrecht besonders deutlich erkennbar. Dem betroffenen Eigentümer stehen nämlich die Entschädigungsrenten ohne Rücksicht auf einen tatsächlichen Schaden im Sinne einer Vermögensminderung zu, z. B. auch dann, wenn der Notweg ein ohnehin von ihm benutzter Weg ist und die Mitbenutzung durch den Notwegberechtigten nicht zu irgendwelchen Schädigungen führt. Ein derartiger Ausgleich für eine bloße „Beeinträchtigung", durch die eine Vermögensminderung und damit ein Schaden nicht eintreten, ist dem Schadensersatz- und Entschädigungsrecht, zu denen die Aufopferungstatbestände gehören, grundsätzlich fremd. Trotzdem handelt es sich hier um Aufopferungsansprüche, denn der Grund der Entschädigungspflicht ist nicht die Vorteilserlangung, sondern die ausnahmsweise zugelassene Inanspruchnahme fremder Rechtsgüter.

Unter Umständen können Aufopferungsanspruch und Eingriffskondiktion nebeneinander bestehen, wenn nämlich die Voraussetzungen für beide Ansprüche gegeben sind. Im Fall des § 904 etwa besteht im allgemeinen kein Anspruch auf den Eingriffserwerb, nicht allein, weil der Eingriff selbst rechtmäßig ist, sondern vor allem, weil die Rechtsordnung den Nutzungserfolg des fremden Rechts dem Eingreifer zuspricht und ihm nur eine Schadensersatzpflicht auferlegt. Wenn nun eine Notstandssituation nicht vorliegt, sondern vom Eingreifer irrtümlich schuldlos angenommen wurde, ist der Eingriff rechtswidrig, und von einer Zuordnung des Nutzungserfolgs kann keine Rede sein. Eine Schadensersatzpflicht gemäß § 904, 2 besteht auch in diesem Falle.

Wer einem Passanten den Schirm entreißt, um den vermeintlichen Angriff eines tollwütigen Hundes abzuwehren, haftet entsprechend

§ 904, 2 auf Schadensersatz, wenn der Schirm beschädigt wird, obwohl der Eingriff rechtswidrig war.

In diesem Fall kann auch an einen Anspruch aus Eingriffserwerb gedacht werden, weil der Eingreifer ein fremdes Gut unbefugt für eigene Zwecke verwendet hat. Voraussetzung ist, daß dieser Verwendungserfolg als *Vermögensvorteil* anzusehen ist, was nach der Ersparung von Aufwendungen, etwa der vermiedenen Beschädigung eines eigenen Schirms, zu beurteilen ist.

3. § 281 BGB

Zwischen Aufopferungsanspruch und dem in § 281 gewährten Surrogationsanspruch bestehen wenig Parallelen.

§ 281 enthält einen schuldrechtlichen Anspruch, der auf dem Gedanken beruht, daß das Schuldverhältnis trotz nachträglich eingetretener Unmöglichkeit der Leistung nicht vernichtet wird, sondern als „konstante Rahmenbeziehung" fortbesteht und seine Wirkung in anderer Richtung weiteräußert[348]. Der Haftungsgrund des Aufopferungsanspruchs ist dagegen ein außervertraglicher, die von der Rechtsordnung ausnahmsweise wegen einer bestehenden Interessenkollision zugelassene Beeinträchtigung fremder Rechte, das Sonderopfer. Insoweit sind keine Gemeinsamkeiten ersichtlich.

Voraussetzung des Anspruches aus § 281 ist nicht notwendig ein Eingriff, ein bewußtes Verhalten des Ersatzpflichtigen, sondern lediglich die Unmöglichkeit bzw. das Unvermögen zur Leistung. Die Unmöglichkeit im weiteren Sinne kann auf einem Eingriff des Ersatzpflichtigen beruhen, wenn dieser die geschuldete Sache zerstört oder an einen Dritten veräußert; sie kann aber ebenso durch den Eingriff eines Dritten oder durch Zufall — wenn die verkaufte Ernte infolge eines durch Blitzschlag entstandenen Brandes zerstört wird — herbeigeführt worden sein. Ein Eingriff, insbesondere des Ersatzpflichtigen, bildet mithin kein gemeinsames Merkmal.

Auch die Rechtswidrigkeit des die Unmöglichkeit bewirkenden Umstandes ist nicht entscheidend; der Umstand kann rechtmäßig — Beschlagnahme des geschuldeten Gegenstandes durch die öffentliche Gewalt im Rahmen der gesetzlichen Voraussetzungen — rechtswidrig — wenn der Schuldner die verkaufte Sache an einen Dritten veräußert[349] — oder schließlich neutral — Zufallsschaden — sein.

Während der Aufopferungsanspruch ohne Rücksicht darauf gewährt wird, ob die von der Rechtsordnung zugelassene Rechtsbeeinträchtigung

---

348 vgl. statt aller Erman-Groepper, § 281, Anm. 1.

349 Von einem Verschulden kann begrifflich nur gesprochen werden, wenn das in Frage stehende Verhalten der Rechtsordnung widerspricht; vgl. Erman-Groepper, § 276, Anm. 2.

im Einzelfall zum Erfolg geführt hat, setzt § 281 voraus, daß der Schuldner in adäquatem Zusammenhang mit dem die Unmöglichkeit herbeiführenden Umstand einen Vermögensvorteil erlangt hat. Der Anspruch aus § 281 ist in bezug auf Entstehung, Gegenstand und Umfang von der Lage des Ersatzpflichtigen, der dem Schadensausgleich des Verletzten dienende Aufopferungsanspruch dagegen von der Lage des Ersatzberechtigten abhängig. — Die Herausgabe des vollen Erlangten im Rahmen des § 281 kann unter Umständen im Ergebnis zu einer Besserstellung des Berechtigten im Vergleich zu seiner Vermögenslage vor dem Zeitpunkt der Unmöglichkeit führen, wenn z. B. das Surrogat für den weiter veräußerten Kaufgegenstand den vereinbarten, dem Wert dieses Gegenstandes entsprechenden Kaufpreis übersteigt. Die einzige Parallele beider Ansprüche besteht darin, daß in beiden Fällen ein „Recht" des Ersatzberechtigten beeinträchtigt worden ist, und zwar in § 281 ein obligatorisches Recht, beim Aufopferungsanspruch ein absolutes Recht.

Der Surrogationsanspruch des § 281 und die Eingriffskondiktion sind von ihrem Zweck und dem Gegenstand des Anspruchs her verwandt; beide dienen dem Ausgleich einer unrichtigen Vermögenslage und der gerechten Güterzuordnung. § 281 erfüllt beim Schuldverhältnis die gleiche Funktion wie die Eingriffskondiktion bei den absoluten Rechten; in beiden Fällen handelt es sich um einen „Rechtsfortwirkungsanspruch[350]".

4. §§ 987 ff. BGB

Die §§ 987 ff. haben mit den Aufopferungsanspruchstatbeständen nichts gemeinsam.

Grundlage der Vorschriften ist das Verhältnis Eigentümer — unrechtmäßiger Besitzer, Haftungsgrund ist der Zuweisungsgehalt des Eigentums als absolutes Recht, das dem Inhaber grundsätzlich alle Früchte und Nutzungen zuweist.

Die §§ 987 ff. wollen als Nebenansprüche der rei vindicatio einen bestimmten Eigentumsschutz erreichen und diesen in bezug auf Schadensersatz und Nutzungen abschließend regeln[351].

Der Umfang und Haftungsmaßstab der im einzelnen sehr detaillierten Herausgabepflicht hängt von der Art des Besitzerwerbes und der Gut- oder Bösgläubigkeit des Besitzers ab.

§ 987 II enthält eine Regelung ganz eigener Art, die weder den Rechten auf den Eingriffserwerb noch den Ersatzansprüchen zugerechnet werden kann, weil sie weder einen Erwerb des Besitzers noch einen Schaden des Eigentümers voraussetzt. Der Besitzer ist zum Ersatz von Nutzungen verpflichtet, die er selbst nicht gezogen hat, auch wenn der Eigentümer sie ebenfalls nicht gezogen hätte.

---

[350] vgl. oben S. 84.

[351] h. A., vgl. Esser, S. 773 mit weiteren Nachweisen.

5. §§ 687 II, 681, 2, 667 BGB

Der Anspruch gemäß den §§ 687 II, 681, 2, 667 ist ein Zwittergebilde; in seinen Voraussetzungen ist er ein quasi-deliktischer, in seinen Rechtsfolgen ein quasi-bereicherungsrechtlicher Anspruch.

Haftungsgrund ist der bewußte, unbefugte Eingriff in eine fremde Rechtssphäre.

Dieser Anspruch hat zwar das Merkmal des „Eingriffs" im strengen Sinne mit dem Aufopferungsanspruch gemeinsam. Dabei ist aber der Unterschied zu beachten, daß dem Aufopferungsanspruch seinem Grundgedanken nach primär eine rechtmäßige Beeinträchtigung zugrunde liegt. Wenn er auf rechtswidrige und sogar schuldhafte Rechtsverletzungen ausgedehnt wird, so geschieht das nur, um dem Betroffenen, dem bei tatsächlichem Vorliegen einer Opferlage ein Anspruch zustände, diese Möglichkeit nicht zu nehmen und ihn nicht schlechter zu stellen, wenn im Einzelfall die Voraussetzungen eines rechtmäßigen Eingriffs und damit an sich auch einer Ausgleichspflicht nicht gegeben sind. Der Aufopferungsanspruch soll jedoch dadurch in seinem Charakter nicht einem Deliktsanspruch angenähert werden.

Während der Aufopferungsanspruch einen aus der Verletzung oder Beeinträchtigung eines absoluten Rechtes entstandenen Schaden voraussetzt, eine Einbuße des Betroffenen ausgleichen soll, gewähren die §§ 687 II, 681, 2, 667 einen echten Anspruch auf den Eingriffserwerb. Sie verlangen zwar einen Eingriff in eine fremde Rechtssphäre, aber keinen Schaden des Berechtigten, sondern ein Anspruch entsteht, wenn und soweit der Verletzer aus dem Eingriff einen Vermögensvorteil erlangt hat.

6. Zusammenfassung

Aufopferungsanspruch und Rechte auf den Eingriffserwerb sind ihrem Zweck in der Rechtsordnung und dem Anspruchsgegenstand nach ganz verschiedene Institute; im einen Fall ist ein Schaden, ein Sonderopfer auszugleichen, im anderen Fall ist ein Vorteil zuzuordnen. Beim Aufopferungsanspruch werden der Verletzte, beim Anspruch auf den Eingriffserwerb der Verletzer so gestellt, wie sie ohne die Verletzung stehen würden.

Berührungspunkte beider Institute — und zwar teilweise so erhebliche, daß die Einordnung des betreffenden Anspruchs Schwierigkeiten macht — bestehen dort, wo der Eingriff von der Rechtsordnung zwar zunächst zugelassen, aber der Erfolg nicht endgültig gebilligt wird, und wo der Eingreifer Vorteile erlangt hat.

SCHLUSSBETRACHTUNG

Anknüpfungspunkte für die Zubilligung eines Anspruchs im hier interessierenden Rahmen sind entweder der Schaden, die Einbuße, das Opfer, oder aber der erlangte Vorteil eines Beteiligten. Demgemäß stehen sich Aufopferungsanspruch und Gefährdungshaftung auf der einen und Rechte auf den Eingriffserwerb auf der anderen Seite gegenüber.

Eine Abgrenzung zwischen Aufopferungsansprüchen und Gefährdungshaftung kann begrifflich in der Weise erfolgen, daß ein Aufopferungsanspruch bei bewußter und gewollter, wenigstens billigend in Kauf genommener oder als naturnotwendige Folge eines bestimmten Verhaltens eintretender Schädigung anzunehmen ist, Gefährdungshaftung dagegen bei einem Verhalten, das zu typischen vermeidbaren oder praktisch unvermeidbaren, wenn auch nicht naturnotwendigen Schädigungen führt, die nicht billigend in Kauf genommen sind. Eine derartige Unterscheidung ist jedoch nirgendwo in gesetzlich geregelten Tatbeständen oder in der Rechtsprechung eingehalten und empfiehlt sich für die Rechtsanwendung nicht.

Wie einerseits viele Fälle, die als Aufopferungsansprüche bezeichnet werden, der Gefährdungshaftung zugerechnet werden können, so kann andererseits in einem weiteren Sinne die gesamte Gefährdungshaftung als vom Aufopferungsgedanken getragen angesehen werden: Da gezwungenermaßen Schäden bei der Verfolgung höherer Interessen hingenommen werden müssen, eine Abwehr *praktisch* ausgeschlossen ist, wird in beiden Instituten ein Ausgleich gewährt.

Bei Aufopferungsanspruch, Gefährdungshaftung und Eingriffserwerb liegt eine Inanspruchnahme fremder Rechte zur Verfolgung eigener Interessen vor. Voraussetzung eines Anspruchs ist stets eine Rechtsverletzung, die die Vermögenslage oder auch den immateriellen Güterstand wenigstens eines Beteiligten berührt hat; bei Aufopferungsanspruch und Gefährdungshaftung ist der Nachteil des Verletzten entscheidend, beim Eingriffserwerb der Vorteil des Verletzers.

Alle drei Institute folgen aus dem allgemeinen Gebot der Achtung fremder Rechte; es wird gehaftet entweder, weil die Verletzung verboten oder weil sie „ausnahmsweise erlaubt“ war.

FSC
www.fsc.org
MIX
Papier | Fördert
gute Waldnutzung
FSC® C083411

Kolibri 360 GmbH
Ferdinand-Jühlke-Straße 7
99095 Erfurt, Deutschland
produktsicherheit@kolibri360.de